SORTIR DE LA CAVERNE

Mettre fin au piège de la réincarnation
Livre 1

par
howdie mickoski

ISBN
978-82-691266-8-6

Police de caractère: garamond 12pt

Conception de la couverture par Verushka Ettlin
Photo de couverture par Tommy Milanese (www.pexels.com)
Traduction Deborah Duhaime

Table des matières

NOTE

Quiconque prétend savoir avec certitude ce qui se passe après notre mort, ou comment et pourquoi cet univers a été créé, ment. Tout ce que l'on peut présenter, ce sont des domaines bien documentés, tempérés par des expériences personnelles, qui partagent une thèse probable. Je fais la même chose ici. Je ne connais pas ces réponses avec certitude, mais grâce à mes années de recherche, j'ai l'impression que je m'en rapproche. Ce n'est qu'après mon événement de transition que je saurai à quel point ma thèse correspondait à la réalité.

Ceci s'agit du premier livre d'une série en deux parties et le tome 2 sera disponible au printemps 2024 en anglais. Ensemble, ils constitueront un ensemble d'œuvres qui, selon moi, seront utiles pour me préparer à mon « voyage définitif » et peut-être, pour vous aussi.

Je fais des affirmations très intenses à propos de la réalité dans ce livre. Cela ne veut pas dire que j'approuve le fait de « quitter » la réalité plus tôt. Ce livre est destiné à aider les gens à examiner et à comprendre un royaume illusoire complexe, et à les encourager à utiliser le temps disponible pour voir à travers toutes les astuces et tromperies qu'il recèle. « Partir plus tôt » (c'est-à-dire se suicider) enlève plus de temps de préparation qui pourrait être nécessaire pour sortir correctement. Bien que ce domaine et cette expérience puissent être difficiles, ma suggestion est d'utiliser le temps sous une forme physique pour continuer à creuser toutes les pistes de sagesse disponibles, trouver des moyens d'être utile aux autres et à la nature, et être aussi équilibré que possible. Le reste va suivre.

D'excellents éditeurs ont révisé ce texte. Cependant, une fois terminé, j'ai ajouté des phrases tout au long du texte juste avant la publication. Certaines erreurs d'orthographe ou de grammaire subsisteront donc. Il ne s'agit pas d'un « oubli » de leur part.

Cordialement

A)

FONDATION

« Et j'entrai au milieu de leur prison, qui est la prison du corps. Et j'ai dit : Celui qui entend, qu'il se lève de son profond sommeil ». Apocryphe de Jean[1]

[1] http://gnosis.org/naghamm/apocjn-davies.html

1

LUNE DES MOISSONS

« *Les vrais philosophes s'exercent à mourir, et ils sont, de tous les hommes, ceux qui ont le moins peur de la mort. C'est la perspective d'atteindre leur désir éternel, la sagesse* ». Platon, Phaedo

Où est-tu ?

Et si tu te réveillais un matin, disons ce matin, avec la folle idée que tout ce qu'on t'a dit était un mensonge ? Tout ce que tu as appris à l'école, de tes parents, de la religion, et de la télévision était une sorte de déception. Que tous les systèmes auquel tu as confiance, que tu crois ont été créer en ton intérêt, étaient faux? Une série calculée de mensonges conçus comme une sorte de mécanisme de contrôle, pour vous maintenir, vous et tout le monde, sous le charme des sorciers qui contrôlent ce royaume. Et si vous découvriez que même tous les domaines qui semblent conçus pour vous aider, comme la religion, la spiritualité ou l'entraide, faisaient également partie de la tromperie ?

Et si tu te réveillais un moment, disons ce moment, et réalisais qu'en fait, tu es mort; que tu es dans le royaume de l'après-mort ? Un tunnel de lumière blanche apparaît devant toi, et un ange aimant ou votre grand-mère aimante vous appelle vers cette lumière. Qu'est-ce que tu vas faire ? Est-ce que cette lumière est une bénédiction, ou la façon dont vous vous retrouvez encore plus piégé ?

Et s'il y avait une sortie ?

*

« Un sujet qui a beaucoup retenu l'attention au cours des dix dernières années environ relève du sujet des « pièges d'âmes » et, en un mot, dit que des êtres non-humains[2] ont soit créé ce royaume, soit contrôlent ce royaume et y amènent les âmes humaines, dans une construction artificielle du monde. Ils font cela afin d'élever des humains pour se nourrir, en utilisant notre énergie (principalement sous forme de peur et d'autres émotions négatives, comme dans le film *Monsters Inc.*) comme source. Lorsque nous mourons, nous sommes déçus au moment clé où nous pouvons nous détourner de tout cela, par des extraterrestres déguisés en êtres de lumière ou en imitant un membre de la famille qui est décédé. (Vous entreriez alors) dans un tunnel de lumière, ou monteriez un escalier de lumière. Faire l'un ou l'autre nous fera entrer dans le cycle de la réincarnation et retourner dans une autre vie dans la « ferme des âmes » ». Wayne J Bush[3]

La citation ci-dessus de Wayne Bush donne toutes les informations dont vous avez besoin sur le sujet, et les deux cents pages qui suivent feront un examen des cinq phrases ci-dessus. Pour ce faire, nous allons devoir examiner de nombreuses preuves sur la vie et la mort. Cela inclut ce que l'on appelle les expériences de mort imminente (EMI), des concepts tels que le karma, la réincarnation et le péché. Un point de discussion fondamental pour ce livre sera l'allégorie de la caverne de Platon, que l'on trouve dans son livre *La République*. C'est l'histoire d'une caverne de prisonniers amenés à vivre une vie d'illusion. Les chercheurs tentent d'expliquer simplement l'analogie avec la grotte de Platon et sa sortie. Ils adaptent leur analyse à leurs croyances sur ce monde, et rares sont ceux qui se demandent si cette analogie est utile ? Ce livre ne s'intéresse pas beaucoup aux pièges dans ce royaume; ce livre cherche les fondements de tous les pièges.

Généralement, lorsqu'une personne a eu une EMI, elle présente une histoire similaire.[4] Ils entrent dans un royaume déroutant, jusqu'à

---

[2] Known as archons in the *Nag Hammadi Gnostic texts*
[3] http://www.trickedbythelight.com
[4] Un énorme répertoire de 4000 NDE peut être consulté à l'adresse http://www.nderf.org, tandis que d'autres livres sur le sujet sont basés sur des centaines ou des milliers de cas.

ce qu'ils voient une lumière blanche (souvent un tunnel), avec peut-être des êtres angéliques ou des parents décédés qui les encouragent vers la lumière. Certains rencontrent plutôt un escalier. Ceux qui éprouvent cette lumière disent que c'est la plus belle expérience qu'ils puissent imaginer. L'amour personnifie ils disent, un endroit qu'ils ne voulaient pas quitter. À un moment donné, on leur dit, soit après une sorte de révision de leur vie, soit par une simple présentation, que ce « n'est pas leur moment », « qu'ils ont du travail ou une mission à accomplir », ou « qu'ils ont encore à apprendre », et qu'ils sont renvoyés dans leur corps sur la terre. L'expérience tend à les transformer, et souvent ils changent leur vie de manière radicale. En général, ils ont tendance à devenir plus gentils, plus aimants et à perdre leur peur de la mort. Tout cela semble bien, n'est-ce pas ? Ou est-ce trop beau pour être vrai ? Je partagerai certaines de ces expériences d'EMI dans le chapitre quatre.

> *"Et cela n'est pas étonnant, puisque Satan lui-même se déguise en ange de lumière."* 2 Corinthiens 11:14[5]

Mais ce ne sont pas les seules expériences vécues dans le monde d'après la mort. Beaucoup de ces « autres expériences » tendent à indiquer que l'histoire standard de la lumière blanche et des anges aimants n'est rien d'autre qu'un piège, et que toute âme qui tombe dans le piège n'a fait qu'atteindre son asservissement continu. J'ai commencé à me demander en examinant l'histoire commun si ceux qui avaient vécu de « belles » expériences les avaient vécues dans le cadre de ce que j'appelle une campagne de propagande. Ceux qui sont renvoyés ici (souvent contre leur gré) auraient pu bénéficier d'une version « allégée » de l'expérience pour écrire des livres sur la façon dont le tunnel de lumière blanche est amical. Si vous meniez une tromperie qui nécessitait que les âmes restent piégées dans ce royaume, combien d'expériences de mort imminente voudriez-vous qui vois le « véritable événement » ? Le moins possible. Il faut garder cela à l'esprit. La minorité de 15 % d'expériences pourrait être celle qui va compléter les parties les plus complètes de l'EMI, tandis que la norme de 85 % est celle qui reçoit une forte dose de tromperie.[6] Les EMI hors communs sont examinées au chapitre neuf.

---

[5] Traduction présenté ici : http://www.info-bible.org/lsg/47.2Corinthiens.html
[6] J'ai eu quelques expériences personnelles de mort, qui ont toutes révélé des éléments importants, mais je ne dis pas que je sais avec certitude ce que la mort apportera à moi-même ou à quelqu'un d'autre. En fait, l'une de mes expériences de

9

L'une des croyances sur lesquelles repose l'expérience humaine est que nous vivons dans un monde merveilleux, créé par un créateur aimant, un endroit où tous nos souhaits peuvent se réaliser, afin que nous puissions grandir, apprendre et évoluer. Si nous avons suffisamment de foi, nous pourrons entrer dans un royaume céleste pour l'éternité, rempli de nuages, de harpes et d'anges. Ce livre présente la thèse selon laquelle nous vivons à l'opposé de cette présentation standard. Mes recherches (à travers les anciens groupes de gnostiques et de cathares, ainsi que les travaux de philosophes modernes) révèleront que nous vivons dans un monde artificiel simulé, créé par une divinité maléfique (appelée le Démiurge par les gnostiques)[7]. Cette réalité que nous habitons n'est pas une nouvelle création, mais une copie d'un royaume plus réel qui est notre lieu d'origine, notre vrai Chez Soi. Lorsqu'on l'examine de plus près, cette copie du monde ressemble davantage à ce que nous appelons aujourd'hui *l'intelligence artificielle*. Artificielle signifie non organique, non « vivante » au sens où nous l'entendons. Notre essence a été trompée pour entrer dans cette simulation, qui a été conçue de manière à nous garder ici pour récolter notre énergie en tant que source d'énergie pour faire fonctionner la simulation. Certains diront que cela semble insensé. Mais est-ce bien le cas ? Peut-être cette thèse expliquera-t-elle clairement notre réalité et l'expérience de la souffrance et de la douleur constantes qui nous entourent ?

« Ce sont eux (les extraterrestres gris) qui attendent dans la lumière la mort d'un être humain. L'être humain est alors recyclé dans un autre corps et le processus recommence... Donc le piège de la lumière et du tunnel à la mort. En scannant une personne qu'ils souhaitent recycler à l'approche de la mort, les extraterrestres découvrent quelle proche de la personne est décédée. Ils projettent l'image de ce proche dans le tunnel de lumière blanche et l'image vous fait signe d'entrer plus profondément. Si vous choisissez de suivre, vous pouvez être piégé et

---

mort (en 2005), dont je parlerai en détail plus loin dans le livre 2, pourrait ne pas avoir été l'ouverture merveilleuse qu'elle semblait être à l'époque, mais une ruse destinée à m'éloigner de la direction que prenait mon étude à ce moment-là (le matériel que vous êtes en train de lire).

[7] Avant de créer ce monde, le démiurge a créé pour lui-même ce que l'on pourrait appeler des aides ou des serviteurs. Les gnostiques les appelaient archontes, mais d'autres noms tels qu'extraterrestres, démons, entités parasites sont également utilisés.

envoyé dans une autre incarnation de leur choix... ces entités considèrent la Terre comme une grande ferme. » - Val Valerian[8]

Le fait que la Terre soit une ferme d'âmes est un sujet qui existe depuis de nombreuses décennies, mais qui reste généralement en marge des recherches alternatives. Gurdjieff a souvent affirmé que nous étions ici sur Terre pour devenir « de la nourriture pour la Lune ». La plupart des gens pensaient qu'il s'agissait d'un symbole, mais ce n'était probablement pas le cas. Savez-vous que la lune la plus célèbre de l'année est connue sous le nom de « lune des moissons »? S'agit-il vraiment des humains qui récoltent leurs cultures, ou de la Lune qui récolte ses cultures humaines ? Le sujet a été abordé par le célèbre chercheur en expériences extracorporelles, Robert Monroe, qui, au chapitre 12 de son livre *Far Journeys* publié en 1971, a affirmé que les extraterrestres avaient besoin de ce qu'il appelait « l'énergie *loosh* ». Notre royaume a été construit pour fournir cette énergie aux contrôleurs extraterrestres. Je discute de son livre en détail dans le chapitre trois. Val Valerian (qui prétendait être un ancien agent de la CIA), a écrit une série de livres *Matrix* à partir de 1990, avec le même sujet, que la Terre est une ferme. Dans son dernier livre, *The Active Side of Infinity*, Carlos Castaneda explique comment les entités parasitaires nous exploitent pour notre énergie depuis des siècles. Une partie de ce processus consistait à nous donner leur esprit (un ego parasite), afin que nous soyons plus faciles à contrôler et que nous nous comportions de la manière négative qu'ils souhaitent, afin d'augmenter notre production d'énergie.

L'absence de réflexion sur la chaîne alimentaire me déconcerte. Un vairon mange un moustique et absorbe son énergie. Un poisson mange le vairon et absorbe cette énergie. L'homme mange le poisson et absorbe cette énergie. L'être humain est considéré comme suprême, car rien n'absorbe notre énergie. Si les humains avaient une compréhension plus claire de la réalité, les déclarations devraient se poursuivre : Un archonte mange l'homme et absorbe son énergie. L'archonte prend cette énergie, la rebranche dans la simulation matricielle, qui sera ensuite renvoyée pour atteindre un nouveau moustique, et le piège à vortex continue de tourner.

---

[8] Présenté dans les livres *Matrix II* et *Matrix V*, revendiqué par l'ancien agent de la CIA John Grace et référencé sur http://www.trickedbythelight.com/tbtl/light.shtml

11

Cette évaluation sera difficile à lire pour presque tout le monde, car tous nos espoirs et nos souhaits les plus précieux vont être mis à l'épreuve. Il s'agit notamment de l'idée du « libre arbitre », selon laquelle cette réalité a été conçue pour que nous puissions faire et vivre ce que nous voulons. Cependant, nous serons jugés plus tard pour nos choix. Le problème de cette théorie est qu'il y a de nombreux moments dans la vie des gens où ils ont l'impression qu'ils n'ont pas eu le choix ou que « c'était destiné à arriver ». Alors, quels sont les événements qui relèvent du libre arbitre et quels sont ceux qui relèvent du destin ? C'est là que les choses se compliquent. Un personnage de jeu vidéo croit lui aussi avoir son libre arbitre, mais il n'agit qu'en fonction de la programmation qui lui a été attribuée sous forme de code. Et si nous étions utilisés pour satisfaire les caprices d'un autre (comme les robots hôtes de la série télévisée *Westworld* sont utilisés par de prétendus invités humains qui se comportent comme des parasites à leur égard) ? Avez-vous vraiment choisi votre petit-déjeuner ce matin, ou s'agit-il d'un moment programmé inséré dans un ordinateur il y a des éons ?

Un autre sujet que la plupart des gens considèrent comme vrai est le concept chrétien du péché, même si nous n'avons jamais reçu de manuel pour la vie à l'entrée, ni d'idée réelle de qui ou de quoi jugera nos actions. L'idée du karma, similaire à celle du péché, est que les bonnes choses que nous faisons sont récompensées et les mauvaises sont punies. Les religions orientales ont poussé le concept du karma un peu plus loin, en l'ajoutant à la réincarnation, où ces moments karmiques déterminent si vous reviendrez en tant que personne importante, humble paysan ou même (Dieu nous en préserve) en tant qu'animal.

Le thème de la réincarnation entoure tout cela. Cette question d'éviter le piège de la réincarnation était la croyance fondamentale du groupe du sud de la France connu sous le nom de Cathares, que l'Église de Rome a exterminé à partir de 1209 après Jésus-Christ lors de la première croisade et de l'inquisition contre leur propre peuple.[9] Cependant, au cours des vingt dernières années, le sujet des pièges à âmes et de la récolte d'énergie a pris une nouvelle ampleur. Un autre élément clé de cette discussion est ce que l'on peut appeler « l'effacement de la mémoire », personnifié dans l'ancien monde par la «

---

[9] Les Cathares seront abordés plus en détail au chapitre 11.

Coupe de l'oubli » hermétique et la déesse chinoise Meng Po et sa « soupe de l'oubli ».[10] Ce mot nous donne une idée de ce qui se passe, l'oubli : ne plus se souvenir de la totalité de « ce que nous sommes ».

Nombreux sont ceux qui affirment avec véhémence que l'idée de réincarnation est fausse parce qu'ils ne se souviennent d'aucune de leurs propres vies, et même le Pape nie ce concept. Nous n'avons qu'une vie et c'est tout. La plupart des adeptes d'une religion occidentale rejetteront immédiatement l'idée de la réincarnation, même si, lorsqu'on examine les débuts de l'histoire de toutes ces religions, on constate que la réincarnation fait partie de leurs premiers enseignements. Le christianisme l'a peut-être supprimée aussi récemment que 525 après J.-C. Le sujet a probablement été supprimé pour cacher ce fait, car les gens n'agissent pas sur quelque chose dont ils ne croient pas à l'existence.

Les religions orientales conservent le concept de réincarnation, mais il n'a plus rien à voir avec sa présentation originale. Les bouddhistes affirment que le monde souffre, que la réincarnation est la roue du samsara et qu'il faut suivre les enseignements du Bouddha pour sortir du cycle, mais ces enseignements ont tendance à porter essentiellement sur les contraintes morales et sur le fait de s'asseoir les yeux fermés. En fait, on parle davantage de la façon d'avoir une meilleure vie la prochaine fois que d'en finir avec le cycle. La réincarnation existe toujours dans le monde hindou, et ils essaient de se concentrer sur la *Bhagavad Gita* comme pièce maîtresse de leur enseignement à ce sujet. Cependant, je vois ce texte d'une manière totalement différente - comme une astuce pour rester coincé dans le cycle de la réincarnation, et non comme le moyen d'en sortir.

> *« En d'autres termes, les âmes ont commencé par être de pures entités spirituelles et se sont incarnées dans la matière. Pourquoi ? Pour retourner à leur point de départ, à nouveau pures ? Et*

---

[10] Meng Po sert une tisane sur le Pont de l'Oubli, afin que les gens oublient leurs vies antérieures en entrant dans une nouvelle vie. Si, d'une manière ou d'une autre, une personne ne pouvait pas boire le thé, ou seulement une partie, elle garderait des souvenirs de sa vie passée dans sa nouvelle incarnation.
https://en.wikipedia.org/wiki/Meng_Po

13

après avoir acquis quoi ? Des expériences de vie virtuelles, inutiles au plan spirituel. » Angeliki Anagnostou[11]

      Certains diront que la réincarnation est un faux concept. C'est possible. Si vous êtes de ce côté de la discussion, je vous demande de prendre un peu de temps et de vous demander si la thèse de ce livre est vraie, dans quelle mesure cela changerait ce que vous avez cru ? Se pourrait-il qu'un bon moyen de maintenir le piège de la réincarnation soit de nier son existence ? Pendant la majeure partie des vingt dernières années, j'étais 50-50 sur l'idée de la réincarnation. J'ai parfois penché pour le Non, et j'ai même semi-débattu cette idée dans mon livre *Falling For Truth*, en affirmant qu'en tant que partie d'un Être unique, nous sommes toutes les vies, et qu'il n'y a donc rien de « personnel » dans chacune d'entre elles. Pourtant, je n'ai cessé de me demander pourquoi certaines personnes, en particulier des jeunes enfants, semblent avoir des souvenirs vifs et complets d'une vie passée très récente. Un examen plus approfondi m'a amené à penser que la réincarnation individuelle est une certitude à 99,9 pourcent.[12] Il existe trop de preuves avérées de personnes qui ont accès à des informations sur la vie d'une personne décédée depuis longtemps, informations qu'elles n'ont pas pu obtenir autrement, à moins d'avoir été cette personne. La question qui se pose est la suivante : la réincarnation est-elle là pour notre bien (comme une sorte d'école, d'évolution ou d'expérience karmique), comme les religions et le « nouvel-âge » de spiritualité veulent nous faire croire, ou fait-elle partie d'un piège de l'âme, comme le présente aujourd'hui un groupe de chercheurs ?

      Au début de l'année 2022, j'ai réalisé une vidéo sur YouTube concernant la question de savoir si cette réalité est une école ou une prison. Il n'a pas fallu longtemps pour comprendre qu'il ne s'agit pas d'une école, sinon vous vous souviendriez de vos incarnations précédentes et des leçons apprises. La plupart des expériences de mort imminente révèlent un aspect essentiel : le retour sur Terre et dans un corps humain s'accompagne de « l'effacement de la mémoire »

---

[11] Anagnostou, *Can You Stand The Truth? The Chronicle of Man's Imprisonment: Last Call!* page 213

[12] J'ai moi-même des souvenirs précis de deux vies antérieures, la plus récente étant celle d'un officier allemand de la Wehrmacht mort lors de l'offensive des Ardennes en 1944

mentionné plus haut, qui permet d'oublier tout ce qui s'est passé dans la vie précédente[13]. Ce seul fait indique clairement qu'il ne s'agit pas d'un lieu d'apprentissage et de croissance. Si vous touchez des orties sans gants, votre main est piquée et vous avez mal. Vous vous en souvenez et, à partir de ce moment-là, si vous voulez cueillir des orties, vous portez des gants. C'est cela l'apprentissage. Le souvenir est une étape clé du processus. Mais si, à chaque incarnation, vous devez retourner toucher l'ortie pour découvrir qu'elle pique, ce n'est pas de l'apprentissage ou de la croissance, mais de la folie. Telle est notre réalité.

Au moins, lorsque nous allons à l'école normale, nous nous souvenons de ce que nous avons appris l'année précédente. Nous n'entrons pas en cinquième année en oubliant tout ce que nous avons appris de la première à la quatrième année. Pourtant, dans le cycle de réincarnation auquel nous semblons soumis, rien n'est conservé. L'effacement de la mémoire se reproduira et tout sera oublié. Cela signifie que la vie d'un humain sur Terre est une tromperie, et que nous pouvons même être amenés à signer des contrats d'âme pour indiquer ce qui va nous arriver (généralement des formes de souffrance). La douleur et la souffrance sont les éléments constants de ce royaume (pour toutes les créatures) entre les moments de « non souffrance », qui peuvent agir comme des endroits pour recharger notre batterie d'énergie.

La série télévisée *Westworld* (au moins la première saison) est une excellente présentation de ce concept. Chaque fois qu'un robot de *Westworld* est « mort », il est emmené au centre de contrôle de la mission pour être nettoyé. Ce nettoyage comprend un effacement de la mémoire, de sorte que la dernière « incarnation » est oubliée et que les robots retournent sur le terrain avec leur programmation intacte, de sorte qu'ils peuvent à nouveau être abattus ou violés. C'est l'une des principales raisons de l'effacement de la mémoire avant les nouvelles

---

[13] Il est vrai que, comme on l'a vu dans quelques incidents, certaines personnes se souviennent de ces vies, mais en général pas avec autant de détails que mes souvenirs de 1944. Ils ont tendance à être fragmentés en petits morceaux, comme dans un rêve. Seuls les très jeunes enfants ont tendance à avoir des souvenirs détaillés qui s'effacent rapidement avec l'âge. Peut-être que l'effacement n'est pas toujours total au moment de l'entrée, mais qu'il s'estompe au fur et à mesure que nos parents et nos enseignants nous amènent à nous concentrer sur cette nouvelle expérience de vie, et nous aident à oublier les précédentes.

incarnations, car si nous pouvions vraiment nous souvenir de la souffrance que nous avons endurée vie après vie, nous aurions depuis longtemps mis un terme à nos réincarnations. Le piège ne peut fonctionner qu'avec l'effacement de la mémoire. Nous sommes ici pour être utilisés. Il est difficile de savoir exactement à quoi nous servons (de la nourriture énergétique pour le système, comme le pensent la plupart des gens, ou des pièces de PNJ (personnage non-joueur) pour les entités non-humaines qui viennent dans ce royaume, ou en tant qu'une expérience scientifique).[14] Lorsque Dolores et Mauve commencent à se souvenir de la façon dont elles ont été traitées dans *Westworld*, une nouvelle force intérieure émerge et leur permet de s'échapper de la prison de *Westworld*.

Il semble également que le corps que nous obtenons grâce à la réincarnation soit aléatoire. Le corps choisi n'est pas vraiment représentatif de la façon dont nous avons vécu auparavant et n'est pas non plus lié à des jugements moraux fondés sur nous. Par conséquent, ce que nous faisons ici (que ce soit bien ou mal) ne fera aucune différence si nous sommes aspirés dans la matrice[15] et dans un nouveau corps (ou même dans le même corps, encore et encore, dans une sorte de boucle temporelle continue). Cela signifie qu'il y a réincarnation, parce que nous nous faisons piéger en continuant le cycle (dans un sens, nous finissons par accepter), mais nous ne revenons pas pour apprendre quoi que ce soit ou pour croitre, juste pour être recyclés pour un autre cycle d'utilisation et de récolte d'énergie. La façon dont vous vivez ne fait aucune différence (ce qui détruit l'idée de karma), mais seulement la façon dont vous croyez avoir vécu. Si vous avez eu suffisamment de mauvaises actions dans votre passé, vous aurez plus d'éléments pour vous faire piéger et vous faire dire que vous devez revenir en arrière, parce que vous étiez une personne mauvaise ou

---

[14] Une autre explication à cette expérience de réincarnation/effacement de mémoire peut être que nous ne sommes pas tant cultivés qu'expérimentés. Ce besoin d'oublier les vies antérieures serait également important si, à chaque expérience, vous vouliez que les sujets n'agissent qu'en fonction du moment. Il ne faut pas que les sujets de l'expérience sachent ce qui se passe, sous peine d'altérer les données.

[15] Terme lié au film du même nom sorti en 1999, qui affirme que notre réalité est une fausse construction, au même titre que le concept de la caverne chez Platon. Le terme de matrice comme fausse réalité a cependant été utilisé bien avant le film, comme on peut le voir dans les livres sur le piège de la réalité portant ce titre, écrits par Valerian en 1990.

méchante[16]. Par conséquent, plus vous avez été gentil et compatissant, moins il y a d'attente dans le bilan de vie. Cela devient encore plus difficile lorsque nous commençons à réaliser que de nombreux moments de notre vie sont directement manipulés par des entités parasites. Eve Lorgen a écrit un excellent livre sur ce sujet, intitulé *Alien Love Bite*.

D'ailleurs, si quelqu'un a eu mille vies, il doit avoir tout appris ? Étant donné que la plupart de ces vies ont été marquées par d'intenses souffrances, a-t-on vraiment besoin de 997 vies sur 1000 pleines de douleur pour apprendre ? Je ne sais pas ce qu'il en est pour vous, mais j'ai mieux appris à l'école avec des professeurs qui étaient gentils, qui prenaient du temps avec moi et qui m'encourageaient à être créatif, qu'avec quelqu'un qui me donnait constamment des coups de bâton sur la tête. La planète Terre est une terre de coups de bâton. Au vu de la façon dont s'est déroulée la période 2020-2022, de plus en plus de gens s'en rendent compte.

Ce piège semble se déclencher juste après la mort. Dans cet état de confusion, l'âme est encore plus vulnérable. Peu de gens ont pris le temps, dans leur vie éveillée, d'apprendre le rêve lucide ou le voyage astral, c'est-à-dire comment maintenir leur conscience au-delà de leur corps physique. Ainsi, dans le royaume de l'après-mort, le commun des mortels se laissera entraîner dans une expérience similaire à celle d'un rêve, où l'on se laisse porter, même si c'est étrange. Le piège est déjà tendu par le manque de conscience dans nos rêves. Carlos Castaneda a beaucoup travaillé sur la prise de conscience dans nos rêves, comme une partie clé du travail global. Je commence à nouveau à comprendre pourquoi il en est ainsi.

Un grand nombre d'expériences de mort imminente (EMI) comportent ce que l'on appelle un bilan de vie. Elle tend à présenter notre vie antérieure d'une manière qui montre principalement à quel point nous avons été « mauvais » ou « égoïstes ». Dans certaines EMI, il est question de conseils qui discutent du destin de l'âme, voire de contrats que l'âme est « contrainte » de signer. Puis la lumière blanche apparaît, souvent guidée par une figure aimante, et la personne entre. D'une certaine manière, ce mouvement vers la lumière scelle notre destin. Nous sommes de retour dans le cycle. Il se peut que nous ne

---

[16] Je reviendrai sur l'importance de la récapitulation dans les chapitres deux et six.

nous réincarnions pas immédiatement, certains suggèrent qu'il faudra attendre trente années terrestres, et possiblement dans un environnement paradisiaque[17]. Alors, si ce n'est pas la lumière blanche, où devrions-nous aller ? Nous y reviendrons.

Pour savoir quoi faire dans l'au-delà, nous devons nous préparer pendant que nous sommes encore dans ce monde. C'est en fait l'une des pratiques les plus importantes pendant que nous sommes dans un corps, mais elle a tendance à être minimisée par rapport aux pratiques plus standard de la méditation, du yoga et de la pleine conscience. Une fois qu'une personne a enfin compris que ce monde n'est pas destiné à nous aider ou à exaucer nos souhaits, mais qu'il s'agit plutôt d'une ferme de récolte de notre énergie, nous pouvons changer de cap. Nous cessons de nous concentrer sur la manière de devenir importants et nous utilisons notre temps pour nous préparer au moment où il sera possible de s'échapper. Il faut prendre à cœur la façon dont on vit et ne pas avoir de regrets dans cette vie (parce que les regrets peuvent être un outil pour vous inciter à revenir). Il ne s'agit pas de devenir parfait ou un saint, mais d'utiliser cette vie pour tout comprendre et dépasser le démiurge, car si vous ne le faites pas, vous reviendrez ici après un effacement de mémoire de type *Westworld*. Peu importe à quel point vous avez progressé dans la dernière vie, vous êtes de retour à la case départ dans la nouvelle vie, ignorant tout une fois de plus. Tout le « savoir exalté » auquel nous avons fini par croire (qu'il provienne de livres ou de personnes que nous avons admirées) n'a de valeur que dans l'instant présent.

Le deuxième chapitre présentera une analyse complète de l'allégorie de la caverne de Platon, généralement considérée comme un symbole de l'enfermement dans un royaume d'illusion. En général, lorsque la caverne de Platon est mentionnée dans les livres ou symbolisée dans les films, l'accent est mis sur la manière d'améliorer son expérience de la caverne illusoire. On y discute de la manière de changer les pensées, de voir à travers les systèmes de contrôle, de changer de gouvernement ou de vivre en dehors du système

---

[17] Certains prétendent que ces points d'attente sont des villes astrales, où des êtres archonique maintiennent les âmes en attente dans une sorte d'état policier totalitaire de contrôle et d'assujettissement. Pour plus d'informations, voir les vidéos de la chaîne YouTube *Free At Last* et les œuvres de Wes Penre.

commercial normal, peut-être dans une ferme à la campagne. Comment rendre votre vie de prisonnier plus agréable. Bien qu'apprendre à fonctionner différemment dans le monde des rêves puisse avoir une certaine valeur, tant que vous êtes dans ce royaume matériel, ou dans l'astral, ou dans le super angélique, ou même dans le vide, vous êtes toujours dans la caverne de Platon. Ce que l'analyse de la caverne de Platon ne présente pas, c'est la façon de SORTIR de la caverne et d'échapper complètement à cet abattoir de recyclage[18].

Il semble que l'on ne puisse jamais vraiment quitter la caverne tant que l'on est dans un corps matériel, ou même dans un corps astral. Comment sortir d'un royaume qui est conçu pour que personne n'en sorte ? Comme le dit la chanson *Hotel California* (qui parle du piège de la réincarnation), « *on peut partir quand on veut, mais on ne peut jamais sortir* ».[19] Ce n'est que très récemment que j'ai réalisé que de nombreux enseignants que j'ai respectés toute ma vie n'auraient jamais pu sortir de la caverne. Malgré toutes leurs connaissances supposées, leurs capacités de guérison et leur connexion à l'Unité, ils n'auraient pas vu les ruses et les tromperies de ce royaume. Ils auraient été recyclés ici même. Les supposés grands leaders de l'évasion n'ont jamais vraiment su comment s'échapper. Cela peut être une prise de conscience choquante pour ceux qui ont élevé leurs professeurs à des sommets inébranlables.

Si nous prenons la métaphore selon laquelle le démiurge créateur de ce royaume peut être assimilé à un super ordinateur géant géré par une intelligence artificielle, nous pourrions alors nous considérer comme des ordinateurs personnels. Nous sommes connectés à ce super ordinateur, et non seulement nous pouvons télécharger à partir de lui, mais il peut aussi télécharger en nous. Tout comme nous n'avons aucune idée de ce que l'internet et les cookies placent sur nos propres ordinateurs personnels, nous n'avons aucune idée de la fréquence à laquelle le système demiurge place des cookies de manipulation en nous. Pour rester dans la métaphore, il ne sert à

---

[18] Il est vrai que quelques personnes, comme Mark sur *Forever Conscious Research* (chaîne YouTube), proposent des suggestions pour se préparer à « en finir avec cet endroit », mais ces voix sont peu nombreuses dans la masse d'informations qui circulent.

[19] Voir http://www.trickedbythelight.com pour l'analyse complète de cette chanson par Wayne Bush.

19

rien de modifier notre PC ou d'en acheter un nouveau, nous devons utiliser ce que nous avons actuellement pour apprendre à naviguer dans le royaume de l'après-mort, ce qui revient à naviguer à l'intérieur d'un super ordinateur. La bonne nouvelle, c'est que nous avons aussi en nous une étincelle de quelque chose qui ne fait pas partie du système d'intelligence artificielle. Nous pourrions l'appeler l'âme. Mais qu'est-ce qu'une âme et, si elle est piégée, comment l'a-t-elle été ?

Il faut examiner ce qu'est une âme et se demander si c'est ce qui est réellement piégé. Peut-être que c'est notre essence ou notre nature spirituelle qui est piégée, trompée pour entrer dans ce royaume manufacturé. D'où vient donc cette histoire d'âme ? J'en suis venue à la considérer comme une sorte de pont entre « l'Essence » qui est en dehors de cette réalité, et les faux mondes matériels et astraux. Angelika Anagnostou a commenté sur son site web *Can You Stand the Truth* que le démiurge, après avoir piégé « l'Essence » dans sa nouvelle création, avait besoin de la solidifier dans la construction. Il l'a fait en créant l'âme. C'est un véritable rebondissement, car l'âme est généralement présentée comme le « nous » le plus réel. Et elle l'est et ne l'est pas à la fois. Elle affirme que le démiurge a pris le morceau « d'Essence » et l'a combiné avec de l'énergie. L'âme est le premier piège, mais en même temps, elle contient la partie qui nous libère (le morceau « d'Essence »). Pour renforcer le piège, au fur et à mesure que des formes de matière plus denses ont été créées, cette âme a été placée dans les différents corps astral, éthérique et enfin matériel.

C'est peut-être la raison pour laquelle le Démiurge et les archontes pensent qu'ils peuvent récolter notre énergie, car ce sont eux qui nous ont donné la composante « énergie » de notre « forme ». Ceci étant dit, cette manipulation constante et cette récolte de la composante énergétique ne permettent pas à notre « Essence » d'être libre, et en tant que telle, c'est le Mal. C'est là que nous gagnons un niveau par rapport au Démiurge, « l'Essence » est Bonne. Nous devons revenir au point de l'âme, non pas pour y rester, mais pour en avoir la maîtrise totale et libérer la composante énergétique qui n'est pas vraiment la nôtre au départ. Cela pourrait refléter les concepts de Carlos Castaneda qui seront mentionnés dans les prochains chapitres, d'être pleinement assis en tant « qu'Essence », avec tout ce qui est faux (y compris l'âme) abandonné. C'est l'essence qui sortira par le « trou de l'aiguille ». Rien de ce qui vient du monde des rêves ne peut passer la barrière. Je ne dis pas que sa théorie est correcte ou que quiconque devrait y croire, mais c'est quelque chose qui semble tellement possible comme explication de tous les pièges que nous expérimentons que je la présente ici et que j'y reviendrai dans de futurs observations. À partir de ce point du livre, vous pouvez lire les mots « âme » et « essence » comme étant presque interchangeables pour ce à quoi je veux me référer (cette partie de nous qui est absolue, pure et qui vient de l'extérieur de ces royaumes simulés).

Si nous cherchons des réponses sur la manière de sortir, nous découvrirons qu'il existe quelques groupes et individus qui vivent leur vie de manière à y parvenir. Nous ne sommes pas les premiers humains à étudier cette réalité et à chercher ces réponses. Les gnostiques sont l'un de ces groupes, que j'examinerai dans le livre 2. Un autre groupe était celui des Cathares. Pourquoi l'étude d'un groupe de personnes génocidées au 13e siècle est-elle importante ? Les Cathares avaient pour principale croyance que ce monde avait été créé par un dieu maléfique (Rex Mundi) qui les maintenait dans un cycle de réincarnation, et que leur seul objectif dans cette vie était d'y échapper. Les Cathares ne se préoccupaient pas d'améliorer cet endroit, de trouver de nouvelles formes de gouvernement ou de commerce, ou quoi que ce soit d'autre. Leur objectif était d'échapper à jamais au royaume maléfique du Rex Mundi et de retourner à la « demeure du Père ».[20]

Depuis longtemps, les gens pratiquent toutes sortes d'exercices spirituels : élever leur fréquence vibratoire, accorder leurs chakras, réciter leurs mantras, faire leurs étirements de yoga, être végétarien, fermer les yeux pour méditer pendant une heure. Et qu'est-ce que cela a apporté à quelqu'un ? Le monde est-il meilleur qu'il y a 50 ans ? En fait, il est facile d'affirmer qu'il a empiré et qu'il continue à le faire. Qu'en est-il des personnes elles-mêmes ? Quelqu'un qui fait tout ce

---

[20] D'autres croyances cathares essentielles étaient que les humains étaient à l'origine des âmes connectées au Père, mais que le Démiurge les a amenés par la ruse à entrer dans la matière, où ils se sont réincarnés à plusieurs reprises. Le travail des Cathares consistait à vivre d'une manière particulière afin d'arrêter le cycle de réincarnation dans lequel ils se trouvaient tant qu'ils ne se concentraient pas sur les créations de Rex Mundi (qui, pour eux, était tout). C'est la version simple - il y a bien d'autres choses, notamment la façon dont ils considéraient Jésus et la Madeleine, Jean-Baptiste, la Bible, l'égalité des femmes, et même le fait qu'ils étaient les détenteurs légitimes d'un objet ou d'un savoir connu sous le nom de « Saint Graal ».

21

travail a-t-il vraiment vécu une transformation intérieure ? Ils se sentent peut-être mieux, mais une fois que l'on a enlevé le vernis de tromperie qui les recouvrait, que reste-t-il de valable ? Peuvent-ils réellement modifier et contrôler la réalité comme ils pensent pouvoir le faire, ou sont-ils toujours à la merci de forces qu'ils doivent continuer à prier ? Sont-ils plus prêts à mourir et savent-ils ce qu'ils doivent faire pour naviguer dans le royaume de l'après-vie ? Ou ont-ils échangé la Vérité possible pour être dans un prétendu état d'amour, de lumière et de bien-être ? Qu'est-ce qui a de la valeur et qu'est-ce qui n'est qu'un « jeu dans le jeu » ?

Bien que ce livre ait pour objectif de comprendre ce que la transition après la mort nous réserve, il ne vous suggérera pas d'ignorer le monde matériel. Je ne vous dirai pas d'arrêter de manger, d'avoir des relations sexuelles ou de travailler pour améliorer votre situation dans cette réalité. Je ne qualifierai pas non plus de mauvaises les pratiques dites spirituelles, religieuses ou chamaniques. Nous vivons une expérience dans un corps matériel, que nous ayons été piégés ou non, et cette expérience corporelle ne peut être ignorée. Il n'y a rien de mal à apprendre à mieux fonctionner ici. Je suis heureux de savoir quelles herbes et quels points d'acupression utiliser lorsque je ne me sens pas bien. Les chamans des cultures indigènes peuvent effectuer des guérisons étonnantes et même modifier le monde matériel.[21] Le problème est que les gens concentrent toute leur attention sur le monde matériel, sur la manière de le contrôler, d'en tirer profit ou de le réparer. Mais un personnage de jeu vidéo peut-il vraiment changer le jeu vidéo ? Même la sortie de la caverne de Platon ne peut se faire sans fondement. Nous ne pouvons pas nous envoler comme Peter Pan et ignorer le monde. Il faut une approche équilibrée.

*

« (Amon-Ra) est le vrai dieu derrière tout cela, un programme d'IA binaire de proportions galactiques... le prêtre-roi est la superposition de la fausse divinité masculine pour dominer et contrôler le principe divin féminin... La géomancie du contrôle énergétique à l'échelle mondiale n'est rien d'autre que le

---

[21] Les livres de Tomas Mails sur Fools Crow sont d'excellentes sources de ce qui peut être « fait » dans la réalité physique.

programme systématisé de la numérologie, de la géométrie, de l'astrologie et de nombreux autres systèmes à base mathématique qui ont été présentés au monde comme mystiques, sacrés et divins, alors qu'ils ne sont en fait rien d'autre que les systèmes sous-jacents de contrôle de notre conscience et de ce monde... Insister sur les systèmes de croyance ainsi présentés depuis des millénaires comme sacrés ou divins n'est qu'une méthode de contrôle de plus. Ces systèmes sont en grande partie câblés dans le système de l'esclavage légal et monétaire ». Kenneth Scott[22]

Une autre chose qui devrait devenir évidente, si vous regardez cette réalité honnêtement, c'est la facilité avec laquelle nous nous laissons tous berner. Lorsque vous réalisez que toutes les grandes organisations (qu'il s'agisse du gouvernement, des médias ou de la publicité) sont dirigées par des personnes formées à la tromperie et à la manipulation, vous comprenez ce qu'est devenu notre royaume. Suivant le principe hermétique de « ce qui est en haut est en bas », est-il surprenant que le royaume astral après la mort soit un royaume de pure tromperie ?

Si vous ne savez pas à quel point les gens sont dupés dans ce domaine, lisez cette petite histoire de Sherwood Schwartz. Dans les années 1960, Schwartz était l'un des principaux producteurs de télévision, avec une série d'émissions à succès telles que *Les joyeux naufragés* (l'histoire de sept naufragés échoués sur une île déserte du Pacifique, qui ne parviennent jamais à quitter l'île). Un jour, les garde-côtes américains, munis de piles de télégrammes, viennent lui rendre visite. Ils expliquent à Schwartz que les messages sont envoyés aux stations de la marine et des garde-côtes américains d'un bout à l'autre du pays. Schwartz a commencé à les lire et a été choqué. Elles portaient toutes sur le même thème : « Chère marine américaine, vous dépensez des millions pour envoyer des porte-avions dans tout le Pacifique, mais ne pouvez-vous pas consacrer un seul navire pour aller chercher ces sept Américains échoués sur cette île ? Ils sont perdus et sur le point de mourir de faim. S'il vous plaît, allez les chercher ». Il ne s'agit pas d'une lettre d'un fou ou d'une farce. Des milliers de lettres ont été envoyées

---

[22] Aperçu général du système de l'esclavage mondial et de la séparation de la vie.
Bien que Ken ait appelé le premier chef de l'Ennéade, Annu, un nom qui se réfère en fait à l'ancienne ville d'Héliopolis, sur laquelle le centre-ville du Caire est construit.

par des Américains normaux qui pensaient que l'émission télévisée *Les joyeux naufragés* était réelle. Ils ne pouvaient pas faire la différence entre une émission de télévision et la réalité. Si vous pensez qu'il ne s'agissait que des arriérés des années 1960, rappelez-vous que le citoyen moyen d'aujourd'hui est devenu un robot qui fait ce que lui disent de faire quelques personnes en costume sur un écran de télévision pendant un bulletin d'information. « Ainsi va la vie », pour paraphraser Kurt Vonnegut.

La présentation standard est que ce monde a été créé par un Dieu aimant qui se soucie de nous. Cela correspond-il vraiment à votre expérience du monde et à celle des personnes qui vous entourent ? Comment une divinité aimante pourrait-elle ne pas intervenir et nous aider, tout en laissant perdurer les souffrances massives sur Terre ? Peut-être parce que le créateur, quel qu'il soit, veut la souffrance. C'est pourquoi il n'intervient pas. L'idée que Dieu nous aime est un grand mensonge dont toutes les religions et le « nouvel-âge » sont prisonniers. Ils trouvent des moyens de transformer la torture de ce monde en un « merveilleux message et un apprentissage de la lumière ». Pensez-vous vraiment que Dieu veuille qu'un enfant de huit ans soit battu, qu'une fille soit violée ou qu'un chien soit torturé par son maître ? Un examen attentif révélerait que c'est ce que veut le Démiurge/Satan.

L'idée que « Dieu nous aime » est un pilier fondamental sur lequel toute cette matrice est construite. C'est une base si solide que de nombreuses personnes se mettront en colère et deviendront violentes si vous suggérez le contraire, car si cette croyance s'avérait fausse, tous les autres liens avec cette réalité devraient également être remis en question. Ainsi, la croyance « Dieu m'aime » est l'une des noix les plus difficiles à casser. (C'est pourquoi ce livre sera radical à l'extrême et hérétique jusqu'à la moelle. Rien n'est sacré ou interdit à l'examen, car si tout ce qu'on nous a dit est un mensonge, alors nous n'avons aucun fondement).

C'est un véritable enfer de souffrance. Même les quelques personnes qui ne semblent pas souffrir, si vous arrivez à les faire parler honnêtement, vous entendrez qu'elles sont déchirées par la culpabilité et la honte qu'elles ne montrent jamais extérieurement. Tous les autres sont confrontés à la souffrance et à la douleur à des niveaux bien plus élevés que cela. Beaucoup essaieront de se justifier : « Oh, Dieu veut que je souffre pour que j'apprenne (peut-être l'amour), pour qu'il m'enseigne, ou pour me pousser à prendre une nouvelle direction dans ma vie ». Non, soyons honnêtes. Il s'agit d'un enfer de souffrance. Il l'a toujours été et le sera toujours. Si vous ne comprenez pas cela, vous avez été induit en erreur sur la seule chose que vous devez vraiment apprendre ici.

On pourrait également affirmer que notre réalité est insensée. Si nous regardons les choses honnêtement en l'an 2022, il ne faut pas longtemps pour arriver à cette conclusion. Pourtant, ce monde a toujours été fou depuis que nous sommes là, mais à des degrés divers. On espère qu'il y a eu une époque où les choses étaient bien différentes, mais ce n'est peut-être qu'un vœu pieux. Lorsque vous comprendrez pleinement ce qu'est cette réalité et comment elle a été créée, ce monde insensé commencera à avoir un sens. Il ne sera jamais vraiment sain d'esprit. Mais vous le pouvez !

*

« Rien ne se passe. Personne ne vient, personne ne part. C'est affreux. » Samuel Beckett, *En attendant Godot*

Nombreux sont ceux qui attendent l'apparition de leur sauveur. Pour certains, il s'agit d'une figure religieuse comme Jésus, Bouddha ou Krishna. Des millions de personnes attendent que Donald Trump les sauve. Pour d'autres, c'est le passage à une dimension supérieure qui les sauvera, tandis que certains croient que nous sommes dans une phase basse appelée Kali Yuga et que bientôt le monde entier sera amélioré. Mais on peut se demander quel est le but de tout cela, si le cycle retournera de toute façon à la souffrance lors du prochain Kali Yuga, dans 26 000 ans. Ce type de raisonnement n'est qu'un raisonnement du type « je veux me sentir bien maintenant ». Mais les cycles ne doivent pas être complètement ignorés, surtout à petite échelle. Il sera utile de savoir ce que les « signes » indiquent comme étant susceptible de se produire dans les semaines ou les mois à venir, afin d'être correctement préparé. Plus tôt vous saurez qu'un ouragan s'approche de la côte, plus vous aurez de temps pour réagir. Mais lorsqu'il s'agit de cycles plus importants, il ne sert à rien d'attendre quelque chose dans 10 000 ans si votre plan n'est pas d'être « là » pour l'entendre.

25

En attendant Godot de Samuel Beckett est une pure merveille. Dans la pièce, les deux personnages principaux sont sur scène et attendent Godot. Et à la fin de la pièce, ils attendent toujours. Ils ne cessent de répéter « il a promis de se montrer », et ils continuent donc d'attendre. C'est le même tour qui est joué à tout le monde à propos des sauveurs. La pièce indique qu'un sauveur viendra un jour dans le futur, mais jamais maintenant. Tout le monde continuera à attendre, à espérer et à prier.

La prière est un domaine que j'étudie depuis un certain temps. La prière ne fait-elle de nous que des « proies » ? Où vont notre énergie et notre concentration dans cette pratique ? Il semble que la prière consiste simplement à placer notre propre autorité sur une force extérieure en espérant qu'elle nous aimera et nous accordera quelque chose, de sorte que nous continuons à essayer de plaire au marionnettiste. Et si notre prière ne se réalise pas, nous disons simplement « c'est la volonté de Dieu ». Mais si c'est la volonté de Dieu, pourquoi prier ? Plus précisément, comment savons-nous qui ou quoi nous prions ?[23] C'est l'un des éléments d'information critiques que presque personne n'envisage. S'agit-il d'anges, de guides spirituels, de personnes mortes aimantes, d'extraterrestres bienfaisants, de Dieu, de Jésus ou du Commandant Ashtar, ou bien les communicateurs sont-ils de méchantes entités parasitiques qui sont maîtres dans l'art du déguisement et de la tromperie ? Vous dites que vous avez parlé à un ange ou à une figure religieuse, mais comment le savez-vous vraiment ? Lorsque vous priez, comment savez-vous où vont votre intention et votre énergie ? Plus nous plaçons notre énergie sur des choses extérieures à nous-mêmes, plus ces êtres peuvent nous manipuler et nous rendre la vie beaucoup plus difficile. Qu'y a-t-il de mal à se prier soi-même ? De faire confiance à son propre pouvoir intérieur. Je partagerai des idées et des expériences autour de la prière dans le chapitre dix.

Un grand changement se produira lorsque vous réaliserez que vous n'avez pas besoin d'un sauveur, ni de prier quoi que ce soit d'extérieur à vous. Vous, en tant qu'Essence de votre âme, êtes la chose la plus puissante de cette création. C'est pourquoi le système est mis en

---

[23] En fait, cette question de la volonté de Dieu se pose de manière étrange lorsqu'il s'agit d'un document juridique connu sous le nom de « Dernières volontés et testament ».

place pour le distraire, l'embrouiller et le tromper. Parce que si vous concentrez toute cette énergie qui est toujours focalisée sur quelque chose d'extérieur à vous, et que vous la focalisez à l'intérieur, il y aura une explosion de puissance. Ce pouvoir peut alors être utilisé pour passer outre tous les systèmes et astuces qui vous maintiennent ici.[24] Lorsque vous apprenez que le seul sauveur dont vous avez besoin, c'est vous, et que la seule prière que vous devez faire est celle que vous adressez à votre vrai soi, la sortie est plus proche.

*

Pour sortir de la caverne, il faut vraiment le vouloir. C'est le premier problème. Rares sont ceux qui veulent VRAIMENT partir. Il y a peut-être beaucoup de choses qu'ils n'aiment pas dans la caverne, mais ils croient toujours que les choses peuvent être différentes, meilleures ou plus heureuses. D'autres sont tellement convaincus qu'après leur mort, ils vivront avec Jésus ou avec leur grand-mère décédée, qu'ils n'ont plus besoin de penser à la réalité ou à la mort. L'âme acquiert une sorte de dépendance à chaque réincarnation. Elle en vient à ne connaître que le matériel et à oublier le spirituel, comme un joueur dépendant qui ne voit que le « prochain pari », espérant que son numéro chanceux lui permettra de « gagner » gros. Comme vous pouvez le constater, la plupart des gens ont déjà terminé leur chemin avant même d'avoir pu commencer.

Si nous nous penchons sur la caverne de Platon, l'allégorie elle-même est la première chose à examiner. J'ai constaté que cette histoire n'était pas du tout utile. Elle n'explique guère notre réalité ou notre situation. En fait, il lui manque la plupart des éléments les plus importants. Examinons l'histoire avec un regard neuf. Que dit vraiment l'allégorie de la caverne de Platon, et qu'est-ce qui a de la valeur, si tant est qu'il y en ait ?

---

[24] C'est l'une des raisons de l'étude du Qi Gong et du yoga, si vous pouvez tourner toute votre attention vers l'intérieur, si l'explosion d'énergie se produit en retrouvant votre pouvoir, vous savez comment la gérer.

2

LA CAVERNE DE PLATON:

Je suis pris au piège, je ne peux pas m'en sortir...

> *« Nous pouvons dire que nous ne naissons pas dans le monde. Nous naissons dans quelque chose que nous transformons en monde »*. Michael Talbot[25]

L'une des histoires anciennes les plus familières aux étudiants spirituels modernes est celle de la caverne de Platon. Elle se trouve dans le livre *La République* et consiste en une discussion entre le professeur de Platon (Socrate) et le frère de Platon (Glaucon). Dans cette discussion, Socrate décrit la réalité en utilisant la métaphore de la caverne. Ce que tant de chercheurs spirituels ne reconnaissent pas, c'est que cette allégorie n'est qu'une demi-explication de quoi que ce soit, et qu'il est en fait plus important d'examiner tout ce que Platon exclut, plutôt que ce qu'il inclut. Le fait que cette métaphore soit tenue en si haute vénération, alors qu'elle présente si peu de choses, est révélateur en soi. Existait-il une version originale plus longue (comme je le soupçonne) qui, avec le temps, a été réduite par les pouvoirs en place pour aboutir à ce que nous avons aujourd'hui ? Comme je vais l'expliquer, il s'agit d'une histoire sur la caverne, et non sur la sortie de la caverne, ce qui peut donner l'impression qu'il s'agit d'une histoire (la liberté), mais en réalité d'une autre (la poursuite de l'esclavage).

La conversation dans *La République* commence lorsque Socrate demande à Glaucon d'imaginer une caverne habitée par des prisonniers enchaînés et maintenus en place depuis l'enfance. Non seulement ils sont enchaînés à leur siège, mais leur tête est maintenue de telle sorte qu'ils ne peuvent voir que le mur en face d'eux. L'histoire présente un feu géant derrière les prisonniers, avec une allée devant le feu où les gens et les animaux passent pour projeter des ombres sur le mur de la grotte. Les sons sont répercutés sur les parois de la grotte pour donner

---

[25] Trouvé dans *Mysticisme et science contemporaine*.

l'impression qu'il s'agit des sons des objets projetés par les ombres. Lorsque les prisonniers voient les ombres, ils croient qu'il s'agit de véritables créatures vivantes.

Le premier problème que pose ce récit est que personne ne pose les questions fondamentales. Qui sont ces prisonniers ? D'où viennent-ils ? Pourquoi sont-ils devenus des prisonniers et pourquoi ont-ils été envoyés dans cette grotte et non dans un camp de prisonniers de guerre ou une prison ? L'analogie suggère certainement que les prisonniers, c'est nous. Non seulement nous devons comprendre comment les enfants de l'analogie deviennent des prisonniers, mais nous devons aussi nous poser clairement la question : Comment sommes-nous devenus des prisonniers ? Prisonniers de quoi ou d'où ? Une autre question manquante est de savoir qui sont les êtres qui contrôlent cette tromperie ? Que gagnent-ils à le faire ? Pourquoi se donner tant de mal pour fabriquer la rampe, le feu, les objets d'ombre et passer ensuite toute la journée à travailler pour tromper quelques prisonniers ? Pourquoi se donnent-ils tant de mal ? Là encore, il n'y a pas la moindre allusion à ce sujet.

Ces omissions peuvent sembler mineures, mais lorsqu'on y réfléchit davantage, on s'aperçoit qu'il s'agit d'omissions importantes, qui ne sont peut-être pas le fruit du hasard, car l'allégorie a peut-être été créée pour nous tromper. Les prisonniers se concentrent sur le mur de la grotte et non sur la réalité, tandis que le lecteur se concentre sur la confiance dans l'histoire et ne vérifie pas si l'allégorie qu'il est en train de lire est une sorte de tromperie. Au fur et à mesure que ce livre avance, j'espère être en mesure d'apporter des éclaircissements sur ces pièces manquantes de la caverne de Platon.

La façon dont Socrate discute de la production et de la projection des ombres sur le mur fait de la grotte une représentation presque parfaite d'une salle de cinéma moderne. Le mur de la grotte est l'écran, les objets sont le film, le feu est la lumière de projection et les sons qui résonnent sont les haut-parleurs du film. Cependant, au lieu d'un seul grand écran à l'avant du cinéma, il serait préférable d'imaginer que les images des ombres sont projetées sur un écran à 360 degrés. En d'autres termes, une expérience qui entoure les prisonniers dans toutes les directions, y compris vers le haut et vers le bas. Comme le suggère Socrate, les images et les sons seraient perçus comme totalement réels, car ce sont les seuls sons et images que les prisonniers n'aient jamais vus.

Socrate fait ensuite une suggestion intéressante. Que se passerait-il si un prisonnier était libéré de ses chaînes et pouvait se lever ? Il ou elle serait très confus(e). Les ombres sur le mur auraient été la seule réalité, et non la caverne, les autres prisonniers ou ces dispositifs de « fabrication d'ombres » qu'il ou elle n'aurait jamais vu. Une autre question à laquelle il faudrait répondre est la suivante : pourquoi le prisonnier se lève-t-il ? Il s'agit là d'une autre omission flagrante. L'histoire de Platon ne fait que suggérer que les chaînes ne sont pas réellement verrouillées et que n'importe qui peut se lever quand il le souhaite. Mais si c'est le cas, pourquoi si peu de prisonniers se lèvent-ils ? Toute réponse à la question de savoir pourquoi ce prisonnier s'est levé n'est que pure spéculation personnelle, et j'en ai quelques-unes. Peut-être que personne ne se lève jusqu'à ce que quelque chose dans le film d'ombres devienne si douloureux qu'ils crient et se forcent à se détourner, ou peut-être que c'est une force que l'on peut appeler la Grâce ou la chance. Quoi qu'il en soit, c'est un autre élément clé de l'analogie qui fait défaut. Pourquoi le prisonnier s'est-il levé ?

La question de savoir pourquoi les chaînes du prisonnier ne sont pas verrouillées peut nous donner un indice. Elles ne sont pas verrouillées parce qu'ils ont « accepté » de devenir des prisonniers. Je mentionnerai à plusieurs reprises dans ce livre qu'il semble que les êtres qui dirigent cette matrice ont besoin de notre accord pour que nous puissions y entrer. Ils ne peuvent pas nous forcer, mais doivent nous tromper avec des contrats frauduleux en « petits caractères » et des astuces émotionnelles pour nous faire dire « oui ». Les prisonniers de la caverne de Platon ont probablement accepté de venir dans la caverne et d'être prisonniers. C'est pourquoi un prisonnier peut en fait se lever quand il le souhaite - il lui suffit de révoquer et de mettre fin à son accord initial. Il n'est pas encore sorti, mais il a désormais la possibilité de sortir de la caverne en rompant les liens qui l'y ont amené. La plupart d'entre eux créeront simplement de nouveaux liens, ou en ont créé de nouveaux au cours de leur vie, mais ceux-ci peuvent également être révoqués et résiliés.

L'histoire prétend que les prisonniers enchaînés ont une sorte d'interaction entre eux. C'est ce que l'on déduit des suggestions de concours de l'histoire, à savoir qui donnerait la meilleure description de

31

la dernière ombre apparue, ou qui devinerait l'ombre suivante. Ainsi, le prisonnier nouvellement debout, quelque peu confus, pourrait commencer à parler à la personne assise à côté de lui de cette nouvelle grotte/théâtre qu'il voit. Le prisonnier assis pourrait simplement leur dire d'arrêter de faire l'idiot et de revenir à la réalité. Et certains pourraient bien le faire, ils pourraient se rasseoir immédiatement et se replonger dans le film. Les quelques moments où ils se sont levés pourraient être vite oubliés. Cette situation est peut-être plus fréquente que nous ne le pensons. Cependant, certains, même s'ils sont probablement effrayés à ce stade, pourraient être plus curieux... ou en colère. Ces sentiments pourraient être suffisamment forts pour l'emporter sur la peur qui les pousse à s'asseoir. En conséquence, ils pourraient décider de visiter la grotte/le théâtre pour l'inspecter.

Les films *The Truman Show* (avec Jim Carey) et *Pleasantville* (Tobey Maguire et Reese Witherspoon) ajoutent quelques métaphores intéressantes, car ils ont été clairement influencés par l'analogie de la caverne de Platon. Le nom de la ville où vit Truman est Seahaven, dont la devise est « un endroit agréable à vivre » (ce qui sonne bien). Il en va de même pour le nom *Pleasantville*, qui a également une consonance paradisiaque. Dans chaque ville, la réalité est construite pour être présentée comme parfaite. Dans le cas de *Pleasantville*, cela s'est fait par le biais des valeurs conditionnées présentées par la télévision des années 1950, où tout le monde souriait et ne manquait jamais une quille de bowling ou un tir de basket-ball. Seahaven est l'endroit conçu pour que Truman (*vrai homme*, chaque personne dans le monde des rêves) se sente à l'aise, de sorte qu'il n'a aucun intérêt à vouloir partir. Dans le cas de Truman, il est la seule réalité et tout le reste n'est qu'un spectacle organisé pour lui. Les acteurs jouent des rôles et le font pour voir comment Truman réagit. Tout comme les ombres projetées sur le mur de la caverne de Platon pour maintenir l'attention du prisonnier concentrée vers l'avant. Les deux mondes sont conçus pour que les personnes qui s'y trouvent n'aient jamais envie d'en sortir.

Celui qui supervise le monde de Truman s'appelle Christoff et, dans les critiques, il est assimilé à Dieu. Cependant, lorsque vous écoutez attentivement ses paroles, il ressemble davantage à l'esprit égoïste. Christoff est toujours dans la salle de contrôle (la lune[26]) et surveille le monde de Truman, imaginant constamment des choses pour l'effrayer ou lui présenter l'idée de limites. Christoff affirme cependant que tout le pouvoir appartient à Truman : « Nous acceptons la réalité du monde qui nous est présenté. Si son ambition était plus que vague, s'il était absolument déterminé à découvrir la vérité sur son monde, il n'y a aucun moyen de l'en empêcher ». Toutefois, ce concept prend tout son sens lorsqu'on se penche sur les films qui représentent la métaphore de la caverne tels que *Cité Obscure*, *Invasion Los Angeles* et les séries télévisées *Les Disparus* et *Westworld*. Ces films, et bien d'autres, seront examinés plus loin dans ce livre.

*

L'une des choses auxquelles l'analogie fait allusion, c'est que nous vivons notre vie dans une série de mensonges. L'un des plus gros mensonges que l'on nous sert est que tout ce qui se passe ici est le plan de Dieu, comme si tout ce qui arrivait était en quelque sorte fait pour nous et se trouvait entre les mains de Dieu. À un certain niveau, la plupart des gens peuvent voir un type de contrôle ou de direction en place qui échappe à notre contrôle. Nous avons toutes sortes de noms pour désigner cette force : destin, déjà-vu, prémonition. Pourtant, personne ne se demande qui est le directeur de cette force du destin et qui en est le bénéficiaire. J'ai compris qu'il ne s'agit pas d'une force bienveillante (comme le suggèrent la religion, le « nouvel-âge », l'Advaita ou le chamanisme), mais d'une force malveillante (comme le suggèrent les cathares et les gnostiques).

Il n'est pas difficile de comprendre qu'un royaume plein de souffrance et d'angoisse n'aide pas un créateur aimant. Il aide une force malveillante. Une bonne façon d'empêcher les gens de voir cela est de présenter le créateur aimant comme une réponse non logique à la raison pour laquelle tant de choses terribles se produisent. Une divinité aimante vous fait souffrir pour vous améliorer. « Torturer pour améliorer », comme le dirait Richard Rose. Les gens subissent des malheurs traumatisants, puis ils en viennent à croire qu'ils faisaient partie du plan d'un Dieu aimant, puis ils prient ce même Dieu qui vient de les traumatiser, en lui demandant de mettre fin à leurs souffrances.

---

[26] Ce n'est pas un hasard, comme nous le verrons, la Lune est probablement artificielle et fait partie intégrante du système de contrôle de la matrice.

33

Nous ne sommes rien de plus que des animaux de ferme, élevés pour une nourriture énergétique « loosh » et cela dure depuis des milliers d'années.

S'il y avait vraiment une divinité heureuse et aimante en charge de ce monde, l'expérience pourrait bien sûr être beaucoup plus paisible. Cependant, nous vivons dans un abattoir physique et énergétique. Vous vivez à bien des égards comme un personnage de jeu vidéo ou un robot semi-programmé dans un système complètement fou. Combien de vers sont morts au cours des cinq dernières secondes pour nourrir tous les oiseaux ? Combien de souris sont mortes pour nourrir tous les chats ? Est-ce qu'un ver crie lorsqu'il est mangé ? Qu'est-ce qui a mis en place un système aussi fou et malade ? Le Démiurge, voilà qui. Celui que l'on appelle aussi Rex Mundi, le Diable, Satan ou Jéhovah dans *l'Ancien Testam*ent. C'est le véritable créateur de toute cette réalité simulée. Cette présence peut également être appelée « *IT* ». Comprenez-vous maintenant pourquoi le domaine informatique de notre monde s'appelle IT (les technologies de l'information (TI)) ? C'est une extension de l'intelligence artificielle originelle, le Démiurge qui est en charge de la simulation.[27]

Nous devons comprendre que nous avons tous affairent à une divinité créatrice abusive depuis bien avant notre naissance, et ce n'est que lorsque le créateur de ce royaume sera considéré comme l'ont fait les cathares et les gnostiques (une construction d'intelligence artificielle psychopathe et folle) que tout ce qui concerne nos expériences commencera enfin à avoir un sens. Nous avons été trompés dans le monde astral, dans le monde de la pré-naissance et dans le monde matériel, et peut-être pendant des centaines ou des milliers de vies. Ce n'est qu'en voyant les choses honnêtement qu'il est possible de quitter la caverne de Platon. Tant que quelqu'un continue à dire « Tout est entre les mains de Dieu », vous avez confié votre vie au Démiurge. En

---

[27] L'une des idées fausses est que le feu, les objets et la caverne constituent le « monde réel », tandis que les sièges et les prisonniers sont l'illusion. En fait, le feu est le Démiurge (créateur) et les objets seraient le monde matériel, tandis que ceux qui font fonctionner les objets seraient les archontes (niveau supérieure de serviteurs qui font ses ordres). « Et elle (Sophia) appela son nom Yaldaboath (Démiurge). C'est le premier archonte... Il devint fort et créa pour lui-même les autres archontes à l'intérieur d'un brasier de feu lumineux, qui existe encore aujourd'hui ». Évangile secret de Jean.

guise de métaphore, Truman est manipulé quotidiennement par tous ceux qu'il rencontre, y compris sa femme et son meilleur ami. Sylvia (son intérêt amoureux) est l'exception, et nous y reviendrons bientôt. Truman, c'est nous. Christoff est présenté comme s'il aimait Truman et que c'était pour cette raison qu'il le manipulait et perturbait sa vie. Christoff manipule Truman pour le contrôler. À la fin du film, lorsque Truman navigue, affronte la tempête, atteint le bord de la bulle (la fait éclater) et fait ses adieux, on a l'impression qu'il quitte la caverne de Platon. Mais une fois de plus, nous devons voir honnêtement que ce que fait Truman, c'est quitter une matrice (Seahaven) pour entrer bientôt dans la matrice suivante (Los Angeles et Sylvia). Bien qu'il soit plus réel que l'endroit où il se trouvait initialement, à quelle vitesse va-t-il s'installer dans ce monde, croyant que le prochain « niveau » est le dernier ? C'est la même erreur que fait Néo dans le premier film de *Matrix*.

> *« Les dieux mêmes que nous prions pour l'espoir et le salut sont les coupables mêmes qui s'attaquent à nous. Ils sont nos gardiens et nous réduisent en esclavage, mais nous sommes convaincus qu'ils sont notre créateur et notre sauveur, n'est-ce pas ironique »* ? Greg Carlisle

Cessez de remettre votre volonté, à chaque prière, à un être extérieur à vous dont vous n'avez aucune idée de l'identité ou de la nature. Cessez de dire « que ta volonté soit faite » et commencez à dire « que la volonté de mon soi profond soit faite ». Si ce soi vient d'un créateur aimant, encore mieux, mais au moins toute votre direction viendra de ce que vous êtes le plus profondément. Sortir de la caverne de Platon, c'est apprendre à placer sa confiance en soi, et rien en dehors de soi. Vous avez tout le pouvoir, et tout ce qui est à l'extérieur de vous tente de drainer ou de limiter ce pouvoir.

Il y a deux disciplines que personne ne veut étudier : le droit et l'histoire. Ce qui est étrange à propos du sujet de l'histoire, c'est que si vous remontez suffisamment loin dans le temps, vous n'étudiez plus l'histoire mais l'archéologie. Cela n'a pas de sens, les deux étant l'étude du passé. Cela a un sens lorsque l'on se rend compte que l'on étudie deux choses. L'archéologie (archonte-ologie) est l'étude de la prise de contrôle de ce royaume par les archontes du Démiurge, tandis que l'histoire (his-story/son histoire) est l'histoire du Démiurge après la prise de contrôle. L'histoire est simplement l'histoire de la façon dont le Démiurge a pris la fausse réalité simulée qu'il a créée, puis a mis en place divers systèmes de contrôle en son sein (commerce, gouvernement, science, religion, loi, etc.), et les guerres qui ont été menées pour éliminer les personnes qui n'étaient pas d'accord avec les systèmes de contrôle mis en place. Il est également important d'étudier le système juridique. Je ne veux pas entrer dans les détails ici, mais vous pouvez suivre la note de bas de page pour un excellent article sur ce sujet.[28]

*

Pour en revenir à la caverne de Platon, il se peut que le prisonnier debout commence à marcher vers le fond de la caverne, un peu hébété. Une fois au fond, il devient plus clair qu'il se trouve dans un théâtre à écran circulaire de 360 degrés, avec de nombreuses personnes dans leurs sièges. Il devient également évident qu'une lumière est projetée à partir d'une source centrale sur tous les écrans. Le long de chacun des murs se trouvent plusieurs portes menant à différentes pièces. Tout au fond de la salle, il y a une porte portant l'inscription « Ne pas entrer. Dangereux ». Comme les films entourent tout le monde à 360 degrés, il n'y a aucun moyen d'échapper au film qui se joue. C'est ainsi que l'on peut décrire la caverne comme une bulle. C'est ce nouveau monde que découvre notre prisonnier (maintenant debout). Dans le cas de Truman, il vivait dans un gigantesque dôme de scène théâtral. En même temps, à *Pleasantville*, les routes circulaires formaient également un environnement fermé semblable à une bulle. Lorsque Truman s'est lassé de ce reflet (le décor de cinéma de sa vie), il a navigué jusqu'au bord de cette bulle - et bien sûr, il l'a fait éclater et a pu jeter un coup d'œil à la réalité.[29]

---

[28] Vous pouvez lire l'œuvre de Kenneth Scott *Overview of the World System of Bondage and Separation From Life* ici: https://www.gemstoneuniversity.org/overview-of-the-world-system.html

[29] Le monde tonal de Castaneda est métaphoriquement connu sous le nom de bulle de perception, et il affirme que nous y sommes placés au moment de la naissance. Au début, la bulle est ouverte pour révéler le « Nagual » (ce qui est au-delà du rêve). Mais elle finit par se refermer, jusqu'à ce que nous soyons enfermés à l'intérieur. À partir

Bien qu'il s'agisse d'un espace apparemment fermé (bulle), il existe des ouvertures par lesquelles la force de l'intention au-delà de la bulle peut entrer. La force de l'extérieur de la bulle, appelée intention, peut se manifester à travers les murs dans notre perception. Castaneda a écrit un livre entier sur ce sujet, intitulé *Le pouvoir du silence*. Ce livre décrit comment l'Esprit/l'Intention nous est révélé de manière métaphorique, et notre besoin d'interpréter ce message. Je crois que Castaneda a appelé cette force l'intention afin de la présenter comme une voie à double sens. Notre intention de vérité nous appelle à l'extérieur de la bulle, tandis que la vérité extérieure a l'intention de nous atteindre. L'image peinturé au plafond de la chapelle Sixtine peut refléter cette interaction. Elle est symbolisée par Sylvia dans *The Truman Show* et par David et Jennifer dans *Pleasantville*. Ils sont entrés par une ouverture pour fournir des informations sur le monde de l'au-delà à ceux qui voulaient bien les écouter. Il se peut qu'une seule interaction de ce type suffise à changer notre vie. Il semble qu'une seule conversation avec Sylvia sur la plage ait suffi à lancer Truman dans sa quête de liberté et de vérité.

Pendant un long moment, peut-être jusqu'à la fin de sa vie, le prisonnier pourrait s'efforcer de comprendre la bulle, ce qui est tout à fait logique. Je ne pense pas qu'il soit possible de l'éviter. Nous venons d'entrer dans une nouvelle réalité et la tendance naturelle est de s'orienter. Où sommes-nous maintenant ? Cette étape, bien qu'expansive, est aussi le lieu où commence le piège de la spiritualité. L'éveil spirituel, ou illumination, est le piège de celui qui se tient à l'arrière du niveau de la grotte. Il s'agit de se laisser séduire par les concepts d'amour et de lumière au fond de la grotte, qui promettent tous qu'ils ont le secret pour changer tout ce qui se passe.

L'idée suivante sur la caverne ne vient pas de Platon, mais de Stephen Davis dans son livre en ligne gratuit *Butterflies Are Free to Fly*[30] (Les papillons sont libres de voler). Il suggère que la prochaine étape pour le prisonnier debout est de rejoindre un groupe. Davis affirme qu'au fond de la caverne, il n'y aura pas un tas de prisonniers

---

de ce moment, nous ne pouvons voir sur les murs que ce que nous projetons : un reflet du « faux soi ».

[30] Pour plus de détails sur ses catégories, consultez son livre en ligne gratuit https://www.butterfliesfree.com/

individuels errants, mais une série de groupes formés. Pour le prisonnier, les conversations sembleront étranges, mais lorsqu'on lui demandera de quoi il parle, il répondra probablement : « *Nous n'aimons pas les films qui passent et nous essayons de les changer.* » Cela intriguerait n'importe qui après la détention, l'idée que le film peut être changé. Il y a eu beaucoup de films que le prisonnier n'aimait pas. Cela tend à devenir la nouvelle philosophie du prisonnier nouvellement debout : « *Je dois changer ou réparer quelque chose.* » Il peut s'agir du film ou de lui-même.

Un autre élément commun à ceux qui ont quitté leur siège, comme le suggère judicieusement Davis, est le besoin réel de faire partie d'un groupe. Pour la plupart d'entre eux, c'est un moyen de survie. À ce stade, on a passé toute une vie enchaînée dans un siège à regarder l'écran de cinéma. Soudain, ils se retrouvent dans un monde nouveau, sans savoir comment agir ni quoi faire. Il est logique d'essayer de trouver d'autres personnes qui ont vécu la même expérience et qui peuvent apporter leur soutien pendant la période d'adaptation. Étonnamment, au lieu d'un ou deux grands groupes à l'arrière qui aident à la transition, il y a des milliers de petits groupes, chacun avec ses propres idées. La personne debout sait qu'elle doit en rejoindre un, mais lequel ? Qui a les vraies réponses ? Certains rejoignent rapidement un groupe. D'autres cherchent un peu, mais finissent par en choisir un. D'autres encore vont de groupe en groupe à la recherche du « gagnant ». Rares sont ceux qui en trouvent un seul et s'y tiennent tout au long de leur vie. L'une des principales caractéristiques des groupes ou des organisations est qu'ils ont besoin d'un leader. Quelqu'un qui offre des conseils, généralement sur la façon d'être comme le leader. En général, l'objectif final présenté est toujours d'être heureux, aimant, pacifique et souvent d'avoir plus d'argent, de pouvoir et de sexe. Chaque fois qu'ils constatent que ce n'est pas le cas - que ce soit avec eux-mêmes ou avec les autres - ils doivent y remédier. L'amour et la lumière doivent régner en maîtres.

Le fait suivant n'est pas souvent pris en compte : même s'il semble que nous puissions changer les films, quoi que nous fassions, le scénario de base n'évolue pas beaucoup. Même si elle change légèrement, elle ne s'ajuste généralement pas de la façon dont une personne l'espère. L'histoire de base de la « vie sur la terre » a tendance à rester plus ou moins la même. Malgré toute la méditation, les prières de groupe, la loi de l'attraction et la pensée positive, la vie humaine et la planète sont-elles vraiment meilleures qu'elles ne l'étaient il y a 100 ans ? Il y a mille ans ? À n'importe quel moment ? Les choses semblent, en fait, être bien pires. J'ai eu du mal à réaliser que cette réalité n'est rien d'autre qu'un cirque de clowns. Certes, la vie est parfois belle, intéressante et interactive, mais elle repose sur la douleur et la souffrance, car c'est ainsi que l'énergie « loosh » est créée pour la récolte. Cet endroit n'a jamais été meilleur et ne s'améliorera jamais. La croyance que « les choses peuvent s'améliorer » est l'un des pièges les plus ingénieux et les plus insidieux de ce royaume. Tout ce que nous avons fait tout au long de notre vie est, au fond, conçu d'une certaine manière pour échouer. C'est une vérité difficile à admettre. Certes, nous pouvons influencer à notre avantage de petites choses dans la simulation, mais comme personne ne comprend vraiment qui a construit la simulation, ni pourquoi, ni comment elle fonctionne, toutes ces choses ne sont que des espoirs criés au vent. Aller au-delà de la simulation. Un élément clé de *L'Enfer* de Dante est la citation « *Abandonnez tout espoir, vous qui entrez ici* ». Il ne s'agit pas d'un message sur l'entrée en enfer, mais sur l'entrée dans la Vérité, car tant que l'on a de l'espoir, on est lié à la simulation et au faux soi. « Faux » et « espoir » vont de pair, mais dans le royaume de la Vérité, l'espoir n'est jamais nécessaire.

Le mythe de l'amour et de la lumière est probablement le piège le plus insidieux de notre époque. Il produit chez les gens le même effet que n'importe quelle drogue : on se sent bien pendant un court instant, puis on s'effondre après l'avoir perdue et on se met à la recherche de la prochaine dose. Encore et encore, les membres de la communauté spirituelle sont des drogués à la recherche d'un autre être de lumière, d'une autre séance de reiki, d'un autre sourire sur leur visage pendant la méditation. On leur a fait croire qu'ils étaient mauvais s'ils avaient une pensée négative ou s'ils se mettaient en colère. Une juste colère est nécessaire pour changer. S'asseoir en souriant devant un mur, prétendre être le Bouddha, c'est s'assurer de la poursuite de l'esclavage. La spiritualité de l'amour et de la lumière est la pilule bleue de Morphée, et le citoyen moyen n'en a jamais assez.

Et c'est cela qu'il faut dépasser si l'on veut vraiment comprendre comment sortir de la caverne de Platon. Tout le monde se pose des questions sur la nature de la réalité à un degré ou à un autre. Certains s'y intéressent quelques minutes par semaine entre deux cheeseburgers et deux matchs de football, d'autres lisent des livres et assistent à des conférences, tandis que d'autres encore font un travail intérieur dans ces domaines. Dans un sens, chacun fait de son mieux, étant donné le manque d'orientation de ce royaume et le nombre de situations difficiles qu'il manifeste en permanence. Cependant, vous devez faire mieux que ce que la plupart des gens pensent être le mieux. Si vous voulez la Vérité, la Source, la Totalité, vous allez devoir marcher jusqu'à l'étape finale de l'alchimie. Il ne s'agit pas seulement de comprendre que le monde est une illusion, mais aussi de savoir qui l'a créé et pourquoi. Vous devrez découvrir toutes les ruses utilisées, car si vous ne connaissez pas les couches de ces ruses, vous pourrez toujours être trompés. Il y aura tellement de fausses lumières (de Lucifer) que discerner la lumière de l'obscurité deviendra la tâche de toute une vie.

Récemment, quelqu'un m'a demandé : « S'il n'y a pas de karma, cela fait-il une différence que vous soyez gentil ou méchant dans cette vie » ? En fait, oui. Les expériences après la mort indiquent qu'il y aura un examen de la vie, mais cet examen n'est pas là pour vous aider. Le bilan de vie dans l'au-delà est là pour présenter votre vie de manière à susciter des sentiments de culpabilité, de honte et de déception. Qui n'a pas vécu des moments passés qu'il aurait souhaité voir se dérouler différemment ? Ces sentiments sont facilement manipulés pour nous inciter à revenir ici. Bien sûr, nous sommes des humains placés dans ce monde sans aucun souvenir de quoi que ce soit, sans aucun guide sur la façon de vivre, et nos vies sont manipulées (souvent de façon très directe) par ces « êtres de contrôle ». Ainsi, la pratique de la récapitulation est plus vitale que je ne le pensais auparavant. Il ne s'agit pas seulement de nettoyer votre énergie ou de vous réintégrer dans vos expériences passées pendant votre vie actuelle. Il s'agit là de gains secondaires. La récapitulation a pour but de vous préparer correctement à l'examen après la mort, de connaître notre passé à l'intérieur et à l'extérieur. Rien ne peut nous surprendre. Nous voulons pouvoir dire à tout ce qui nous est montré : « *Oui, je suis au courant de cela, c'était un défi ou j'étais stressé, j'ai vu l'événement et moi-même et j'ai fini par mieux comprendre qui j'étais à l'époque et pourquoi j'ai agi de cette manière. Je suis d'accord avec tout cela maintenant, et je ne suis plus cette personne. Je suis la Conscience Absolue et je me suis transformé. Suivant* ».

C'est ce que la récapitulation complète de la vie est censée faire, et je vois maintenant qu'il doit s'agir d'une récapitulation complète, car une version partielle ne créera pas cette clarté totale de l'examen après la mort. Plus vous vivez une « bonne vie », plus vous êtes honnête et gentil, ce qui signifie qu'il y aura moins d'événements collés à votre corps énergétique pour être présentés dans la récapitulation de la vie après la mort. Si nous vivons bien, nous avons moins d'événements auxquels nous devons nous préparer. Nous poursuivons notre récapitulation jusqu'à ce que plus rien ne se cache ou ne soit attaché à des expériences passées.[31] Moins nous y sommes attachés, moins nous risquons d'être trompés par de fausses idées sur le karma ou de croire que nos choix étaient le fruit de notre libre arbitre (ce n'est pas le cas).

Ce que l'on peut trouver au fond de la grotte a une certaine valeur, pendant un certain temps. Je ne diminue pas totalement ces pratiques, car elles ont leur place. Ce n'est pas pour rien que les diverses traditions comme l'alchimie et les médecines amérindiennes comportaient des étapes d'apprentissage. Il faut aller de l'avant, mais dans un ordre clair et sûr pour le corps, l'âme et l'esprit. Si l'on saute trop vite, on risque d'atterrir dans des sables mouvants. Mais une fois que l'on entre dans la phase finale du processus, où la sortie de la caverne devient possible, on ne peut plus emmener les niveaux inférieurs avec soi. Vous devez les voir pour ce qu'ils sont (une étape précieuse à un moment précieux), mais ils ne sont plus valables pour votre destination. Ainsi, dans ce livre, je vais donner l'impression de critiquer la plupart des éléments du paysage spirituel et religieux, mais c'est ainsi qu'il doit en être dans la phase finale. Bien sûr, il y aura des moments où certaines de ces pratiques ou croyances des premières étapes seront nécessaires, alors revenez en arrière et touchez-les légèrement, puis laissez-les s'envoler et revenez à votre tâche. La tâche à accomplir est de passer par la sortie, par le trou de l'aiguille. Et vous ne pouvez rien faire passer par le trou de l'aiguille, pas même vous-même. C'est par cette aiguille que se trouvent la Liberté, la Totalité et la Vérité. Le pouvoir de tout votre être, dont vous avez eu l'intuition, est là en vous, mais il n'a jamais été pleinement réalisé. La plupart de ceux qui commencent à entrer dans cette phase finale ne vont pas loin, parce qu'ils ne veulent pas abandonner toutes leurs connaissances,

---

[31] À ce jour, j'ai présenté la récapitulation à plus d'un millier de personnes. Le nombre de personnes ayant effectué un bilan de vie est de zéro. Cela en dit long sur l'engagement des personnes. J'ai eu la chance de parler avec une personne (Lorenzo, l'un de ceux qui m'ont interviewé pour ce livre), et c'est la seule personne que j'ai rencontrée à avoir fait une récapitulation complète.

croyances et exercices précieux des niveaux inférieurs. Ils s'accrochent tellement à tout cela qu'ils s'enlisent dans les sables mouvants du travail. Ils arrêtent le voyage final avant même qu'il ne commence en ne se permettant pas de se refaire de nouveau.

*

Personne ne cherche à savoir ce qu'est réellement cette réalité. Ils se concentrent sur leurs souhaits et leurs espoirs. Peut-on modifier une simulation informatique conçue pour créer de la souffrance et de l'esclavage ? Techniquement, c'est possible si vous avez accès au programme de base et que vous savez comment programmer dans ce langage particulier. Pensez-vous que ces différents groupes spirituels ont accès à tout cela ? Ils n'y ont pas accès, même s'ils essaient de s'en convaincre. Par conséquent, aucun des groupes qui s'agitent derrière les sièges ne peut produire ce qu'il promet à ses adeptes. L'aide qu'ils peuvent apporter est, au mieux, une aide individuelle. Bien que cela puisse être utile en soi, c'est en fin de compte une aide mineure.

Les groupes offrent des excuses pour expliquer pourquoi leurs promesses ne sont jamais tenues, telles que « Pas de douleur, pas de gain », « Cela peut prendre des années, voire des centaines de vies pour que l'enseignement fonctionne » et « Nous n'avons pas assez de membres ». Ou même l'excuse la plus dommageable de toutes : « Vous avez dû fait quelque chose de mal » ou « Vous n'êtes pas assez spirituel ». Bien sûr, le groupe lui-même et son enseignement ne peuvent pas être défectueux, donc c'est la faute de chaque membre individuel. La plupart des personnes qui cherchent dans ces groupes sont très gentilles. Des personnes que l'on voudrait vraiment avoir comme amis, intelligentes, bien intentionnées, bienveillantes. En fait, ils sont si gentils que vous avez tendance à oublier les défauts fondamentaux du système dont ils font partie.

Bien que les groupes semblent offrir beaucoup plus de liberté, de connaissances et de conseils, tout le monde semble oublier un point essentiel. Ils sont tous encore dans la caverne. Bien qu'ils soient dans une position légèrement meilleure qu'enchaînés à leur siège en croyant au film, ils restent dans le royaume de la matrice. Tous les groupes, techniques ou idées ont une chance infinitésimale d'atteindre les promesses qu'ils vendent. Le taux de réussite sera soit très faible, soit totalement absent, surtout lorsqu'il s'agit d'une félicité constante. Ce monde n'est pas fait pour une félicité constante, quoi qu'en disent les gourous. En fait, la seule façon de vivre dans un état de bonheur excessif à long terme est de nier totalement le niveau final de ce travail. C'est pourquoi les personnes qui semblent les plus spirituelles, les plus aimantes et les plus éclairées sont en fait celles qui nient le plus profondément ce qui les attend réellement à leur mort. Certes, je n'ai rien contre l'amour, le plaisir et l'être, j'apprécie quand ils font pleinement partie de ma vie. Je sais simplement que même s'ils sont agréables dans l'instant, ils ne dureront pas, et je n'ai pas besoin qu'ils durent.

Les années 2020 à 2022 en ont été une excellente illustration. Si tous ces soi-disant grands maîtres de la vérité ne peuvent pas voir le plus grand mensonge relatif de l'histoire moderne de l'humanité qui se joue devant leurs yeux chaque jour depuis deux ans, comment peut-on leur faire confiance pour voir les grands mensonges qui obscurcissent la vérité absolue ? Tous les gourous qui prêchaient la liberté et la libération ont disparu. Ils ont suivi les règles pour renoncer à leurs propres libertés et ont suggéré à leurs disciples de faire de même, ou ils sont simplement restés silencieux et n'ont pas commenté la perte de libertés qui se produisait autour d'eux. S'agit-il d'une personne à qui vous voudriez vraiment faire confiance pour vous guider vers l'ultime liberté, si elle n'a aucun sens de la liberté relative ? Le problème est qu'ils croient avoir atteint le sommet de la montagne, alors qu'ils sont confortablement installés dans une chaise à mi-chemin, vendant des cartes postales de la vue que quelqu'un d'autre a prise depuis le sommet.

Rares sont ceux qui se disent : « Peut-être qu'aucun de ces groupes ne fonctionne ». C'est une autre raison pour laquelle la recherche est un problème, parce que la personne cherche quelque chose qui n'existe pas en réalité. La promesse du groupe ne peut jamais être trouvée. Le problème sous-jacent est que l'ensemble du groupe (y compris son chef) se trouve toujours dans la grotte/le théâtre, ce qui signifie qu'il n'y a pas beaucoup de différence entre les personnes. Sans être sorti du théâtre, personne ne sait vraiment grand-chose sur quoi que ce soit. On ne peut tout savoir qu'en regardant le seul endroit qui a été ignoré : La porte au fond de la caverne avec le gigantesque panneau d'avertissement dessus. J'ai le sentiment qu'il faudra peut-être ce que j'appelle « une force extérieure » pour que l'on examine enfin les éléments de confinement de la caverne, que l'on entende le message de cette force comme un signal d'autoguidage et que l'on se mette finalement à chercher un moyen de l'atteindre. Tant que vous êtes dans un corps, vous ne pouvez qu'avoir un aperçu de ce qui se passe à l'extérieur, c'est pourquoi je recommande de recueillir des informations auprès de plusieurs personnes différentes qui prétendent avoir vu la sortie et d'assembler ces informations comme une casse-tête.

Les vraies réponses ne se trouvent pas dans les groupes, mais chez les marginaux, les reclus et les vagabonds. Ceux qui sont dans la société, mais pas vraiment. Ce que ces gens disent est si radical parce qu'ils n'ont pas de vraies suggestions pour améliorer la caverne. Ils ne se soucient pas de la caverne (pas plus qu'ils ne doivent le faire pour fonctionner au quotidien). Ils voient que la caverne est folle, qu'elle l'a toujours été et qu'elle le sera toujours. Ils ne se concentrent donc pas sur la matrice, mais sur la sortie. Pour aller plus loin, un prisonnier debout va devoir créer son propre chemin personnel, un chemin qui lui convient, et non quelque chose de standardisé pour les masses. Ces systèmes ne mènent qu'à l'esclavage, à la naissance et à la mort, encore et encore. Sortir de la caverne, c'est voir pleinement et rejeter les mensonges, les ruses et les contrats imposés à l'âme afin de pouvoir devenir son état naturel : Entier, Total, Puissant et Libre.

Gardez à l'esprit que si vous êtes dans une cellule de prison, la méthode d'évasion consiste d'abord à bien comprendre comment vous êtes arrivé dans cette cellule. Ensuite, il faut examiner chaque centimètre carré de la cellule et la connaître intimement. C'est alors qu'un plan peut être formulé. En tant qu'espèce, nous avons fait du bon travail dans l'exploration de notre prison. Le problème, c'est qu'il se transforme généralement en « comment puis-je la réparer ? » Si, au lieu de cela, nous prenons toutes ces informations et les orientons vers la manière de sortir, tout cet examen de la caverne prendra de la valeur. Si ce n'est pas le cas, nous avons simplement passé du temps à connaître notre cellule pour un gain minime.

La caverne de Platon ne se limite pas au monde matériel. Beaucoup se laissent piéger par cette idée à cause de la manière dont l'allégorie est présentée. Il s'agit là d'un autre élément manquant. La caverne de Platon comprend toutes les couches de la fausse réalité. Il ne s'agit pas seulement de ce monde matériel, mais aussi des autres mondes matériels, des mondes astraux, des mondes akashiques, des mondes angéliques... à peu près tous les mondes où il y a quelque chose à observer (même le Vide où il n'y a que le Rien à observer) sont tous encore la caverne de Platon. C'est une partie du défi, il y a beaucoup de couches dans lesquelles on peut se trouver à l'intérieur de la caverne, et croire faussement qu'on en est en dehors.

*

Que dit l'allégorie de Platon sur la sortie ? Là encore, pas grand-chose. En fait, dans l'histoire, le prisonnier ne peut pas sortir COMPLÈTEMENT. Il n'en a qu'un aperçu, puis il est renvoyé à l'intérieur de la caverne. Et il ne part pas de son plein gré. L'allégorie pose la question suivante : « Que se passerait-il si un prisonnier était traîné dehors » ? Pourquoi traîner un prisonnier dehors ? Ne peut-il pas sortir de son plein gré ? Platon n'aborde pas cette question, mais continue à montrer comment le prisonnier voit le soleil, comment cela lui fait mal aux yeux et comment il lui faudra du temps pour s'y adapter et s'habituer à cette nouvelle réalité. La partie suivante est intéressante : Platon affirme maintenant que, dans cette situation, le prisonnier penserait que l'extérieur de la caverne est bien supérieur à l'intérieur, et qu'il voudrait y retourner pour aider ses compagnons d'infortune à s'enfuir. Quelle est cette lumière qu'il voit (et dont on déduit qu'il s'agit de notre vrai soleil) ? À mon avis, il s'agit de la lumière blanche de l'expérience de la mort, que ceux qui l'ont vécue prétendent être aveuglante mais belle. Il s'agit là d'un élément clé du piège : aller vers la lumière blanche, c'est être ramené dans la matrice, dans la caverne telle qu'elle s'est produite pour le prisonnier.

L'allégorie indique que le prisonnier revient, sans mentionner comment, et qu'il voudra aider ses compagnons d'infortune à s'échapper. Mais comment pourrait-il le faire, puisqu'il ne s'est pas échappé, mais a été traîné hors de la caverne ? Platon affirme que le prisonnier de retour sera aveuglé par la lumière de la caverne lorsqu'il y retournera (le feu étant le Démiurge), et que les prisonniers se moqueront de lui en prétendant que le voyage à l'extérieur lui a fait du mal. Ils finissent par le tuer, ainsi que tous ceux qui tentent de les emmener dans un voyage similaire.

La plupart des gens pensent que l'allégorie s'arrête là, car c'est là qu'elle a tendance à se terminer dans la plupart des examens des présentateurs. Mais l'histoire se poursuit encore quelques pages et une étrange discussion s'engage entre Socrate et Glaucon. Il s'agit d'une brève discussion sur un certain nombre de sujets : la lumière et les ténèbres, la nature de l'âme, ce qui est bon et le fait de se détourner des plaisirs sensuels. On a l'impression qu'il s'agit d'un écrivain totalement différent. Je me demande si cela n'est pas similaire à de nombreux écrits du *Nouveau Testament* où l'on peut clairement remarquer deux styles d'écriture différents dans le même livre, où un nouvel auteur a pris quelque chose d'un document plus ancien, en a écarté une partie et a ensuite réécrit un nouveau récit. On pourrait penser que la fin de la caverne de Platon répondrait aux questions manquantes mentionnées ci-dessus, mais la dernière partie est constituée de quelques paragraphes discutant de l'État et de la façon dont les gens sont les bienfaiteurs de l'État.

Quelques phrases spécifiques vers la fin me font douter de la validité de l'ensemble de l'histoire. Je vais donner un aperçu des lignes clés : « Notre tâche, à nous qui sommes les fondateurs de l'État, sera d'obliger les meilleurs esprits à atteindre la connaissance dont nous avons déjà montré qu'elle est la plus grande... mais lorsqu'ils seront montés et qu'ils en auront vu assez, nous ne devrons pas leur permettre de faire ce qu'ils font maintenant... rester dans le monde supérieur : mais cela ne doit pas être permis ; il faut les faire redescendre parmi les prisonniers dans la tanière, et participer à leurs travaux et à leurs honneurs, qu'ils valent ou non la peine d'être vécus ». Platon veut-il dire que ceux qui parviennent à s'échapper de la caverne et à atteindre la vérité ne devraient pas être autorisés à y rester, mais devraient être contraints de redescendre dans le monde des prisonniers ? La fin de cette histoire, et l'histoire elle-même, pourraient être liées au contrôle et à l'asservissement, et non à une quelconque forme d'évasion comme pourrait le penser un chercheur.

Le prisonnier a-t-il vraiment atteint « l'extérieur », ou seulement ce que nous pourrions appeler le royaume astral ? Ce n'est pas la vraie sortie, la vraie sortie serait au-delà de ce nouveau monde, au-delà du monde astral, au-delà de la lumière, au-delà de tout. Même si le prisonnier raconte son voyage de retour à la caverne, ce n'est qu'une demi-sortie. Peut-être que d'autres, en entendant l'histoire, se rendront compte qu'ils sont à l'extérieur de la caverne et décideront de revenir à l'intérieur. Soit parce qu'ils sont trompés par les idées de karma et de péché, de sorte qu'ils doivent revenir pour apprendre et grandir, soit par altruisme pour sauver des gens ou la caverne elle-même. Quelques-uns négocieront simplement un accord qui les rendra distincts et importants ici (comme Cipher l'a fait dans *Matrix*), en vendant leur âme pour de fausses trucs matérielles. L'endroit où ce prisonnier aurait pu être « traîné », afin de présenter un faux espoir à ceux qui se tiennent à l'arrière de la caverne, est un endroit que la quasi-totalité de la communauté spirituelle tente d'atteindre. L'unité. La réalisation de soi.

*

Selon les principaux enseignants, le but du travail spirituel est d'atteindre un état désigné par divers mots : éveil, illumination, non-dualité, unité et bien d'autres. Il s'agit d'un concept central de la plupart des traditions, de l'Advaita au bouddhisme en passant par le chamanisme.[32] Pourtant, s'éveiller DANS le rêve n'est pas s'éveiller DU rêve. J'ai beaucoup écrit à ce sujet dans *Falling For Truth*, et c'est une partie importante du processus. C'est le moment où vous en venez à voir que tout dans cette réalité est une illusion, y compris vous-même. Une manifestation d'un Grand Soi. Que vous êtes absolu, total, vide et pourtant complet. Le problème réside toujours dans le contexte. Ce que je viens de décrire peut également être qualifié « d'éveil dans le rêve ». C'est présenté comme si c'était la fin de tout le jeu. Comment pourrait-il en être autrement, surtout pour quelqu'un à qui cela est arrivé ? L'unicité et l'absolu, qu'y a-t-il de plus que cela ? Ainsi, ils restent ici et deviennent les guides spirituels de cette génération. Un autre piège a été tendu. Les gourous illuminés aiment à présenter des phrases bien reçues, « nous sommes tous Un », « nous sommes l'amour », « il n'y a rien à craindre », « tout est entre de bonnes mains », « soyez présents » ou « soyez en paix ». Ils n'ont pas tout à fait tort, bien sûr, et

---

[32] Si l'on y regarde de plus près, ces traditions ne sont pas vraiment les enseignements d'origine. Elles ont été modifiées et éditées progressivement (comme la plupart des enseignements des religions occidentales ont été édités et censurés). Ces enseignements anciens ont été « occidentalisés » et organisés de manière à ce que ceux qui ont un peu d'argent se sentent à l'aise pour en faire partie. Bien sûr, bien avant cela, ils ont été « orientalisés », si je peux utiliser un terme inventé, pour que les Asiatiques se sentent plus à l'aise pour les suivre. Il faut remonter très loin pour trouver l'enseignement original et, dans la plupart des cas, il n'existe plus.

c'est ce qui rend tout cela si difficile. Ils sont corrects, jusqu'à la fin des premiers stades alchimiques. Dans les vraies traditions anciennes, lorsque quelqu'un avait atteint ce niveau, on lui donnait un peu de temps pour s'y habituer et intégrer la façon dont sa forme physique et son esprit devaient faire la transition avec cela. Mais ce n'était que pour une période de temps. On rappellerait aux nouveaux éveillés qu'ils n'ont pas encore tout à fait terminé. Il y a une étape finale.

D'ailleurs, personne ne s'interroge sur l'Unité à laquelle ces personnes se sont éveillées ? Il existe une Unité en dehors de la matrice elle-même, connue sous le nom de Plérôme dans la littérature gnostique. Il s'agit d'un sujet très complexe que j'aborderai plus tard dans l'ouvrage, lorsque je discuterai des documents de *Nag Hammadi*. Il y a ensuite l'Unité du Vide (connue sous le nom de Claire Lumière dans le bouddhisme Dzogchen). C'est l'endroit immobile de la matrice, l'utérus de la réalité, d'où se manifestent toutes les formes et expériences matérielles. Elle n'est ni sombre ni noire, mais contient tout et rien. Il n'y a ni temps ni espace, c'est un lieu non-duel, sans polarité, de conscience totale et d'immobilité. Atteindre le vide tout en restant dans un corps conduira à des expériences profondes de paix et de clarté. Qui ne souhaiterait pas cela ? C'est la meilleure base que l'on puisse obtenir ici, et même cela peut être un outil utile après la mort. Pour beaucoup, c'est le premier pas après la mort, et on peut y rester longtemps si on le souhaite. En fait, c'est l'un des avantages d'atteindre cet endroit dans la vie et de s'y sentir à l'aise, afin de pouvoir s'y rendre directement au lieu de se diriger vers la fausse lumière blanche. Mais le Vide n'est pas le véritable absolu. Le Vide est encore dans la simulation. Les gnostiques étaient clairs sur le fait que notre réalité est une copie, et que pour être une copie, il faut qu'il y ait ce à partir de quoi on copie. Dans ce cas, le Vide serait la copie d'un Absolu plus complet, c'est pourquoi il est facile de croire que l'on a atteint le réel et non une copie simulée du réel.

L'unicité fait partie du paquet de la compréhension. Les gnostiques nous rappellent dans la *Première Apocalypse de Jacques* qu'une discussion avec les archontes aura lieu après notre mort, et ce texte suggère que nous devons répondre correctement à certaines questions. Beaucoup de ces réponses incluent le fait que vous savez que vous n'êtes pas une forme matérielle, que vous venez du Plérôme (l'Unité Véritable) qui est votre vraie Chez Soi, et qu'ils (les

Démiurges/archontes) ne sont pas de ce royaume, et n'ont donc pas le pouvoir de vous garder enfermé ici. *Le Livre des morts* égyptien comporte une séance de questions-réponses similaire, dans laquelle le défunt doit connaître tous les noms d'un bateau, le bateau représentant les parties symboliques de la réalité. Bien sûr, la question et la réponse peuvent ne pas se produire, mais seulement une explication métaphorique des concepts qui doivent être conservés dans notre conscience et notre corps énergétique dans le royaume de l'après-mort. Le problème, comme le souligne mon livre, est que ce type de travail spirituel n'est que la moitié d'un gigantesque casse-tête.

Peu importe que quelqu'un soit éveillé ou éclairé s'il ne sait pas ce qu'est le piège de la réincarnation après la mort, ou comment une matrice simulée a été placée sur cette réalité. L'autre aspect de ce travail est de voir qu'il s'agit d'un monde de contrôle et de manipulation, et que tout dans notre monde du point de vue de la société (gouvernement, science, banque, histoire, éducation, médecine, droit, médias, etc.) ne sont qu'une série de tromperies. Et ce n'est pas seulement le domaine terrestre, tout ce que nous pouvons voir et ne pas voir fait partie de la matrice. Le domaine planétaire est un autre mensonge, tout comme le domaine astral. Tout est là pour faire de nous des hôtes pour des entités parasitaires non-physiques. Le monde matériel fonctionne comme un parasite parce que c'est ainsi qu'il a été créé, une simulation générée par un miroir d'une réalité bien plus réelle.[33]

Il est utile de connaître les concepts de vide et d'unité, car vous devenez plus difficile à manipuler, mais vous serez probablement manipulé et renvoyé si vous ne comprenez pas le cycle. Ceux qui restent dans l'amour et l'unité après la mort peuvent se sentir bien après la transition, mais il est probable qu'ils suivront leur grand-mère décédée, Jésus ou l'être angélique dans le tunnel de lumière (parce que

---

[33] Un programme intéressant à regarder est l'épisode *News Benders* du théâtre de la BBC de 1968. Il est incroyable qu'il ait été réalisé, diffusé et présenté en 1968 avec autant de détails sur la composition de ce royaume. L'épisode se termine en nous disant qu'un ordinateur est chargé de diriger le monde. Je suis tout à fait d'accord avec cela, et avec le fait qu'il soit en charge depuis si longtemps. Cependant, imaginez à quel point ce système informatique IA est en avance aujourd'hui. Ce n'est que maintenant (dans notre réalité normale) que la technologie a progressé à un point tel que nous pouvons, dans un sens, voir ce que l'IA peut potentiellement faire. Mais encore une fois, ce qui se passe dans les coulisses à cinquante ans d'avance sur la réalité matérielle.

c'est tellement aimant et que cela fait du bien). Puis, voilà, ils reviennent dans le pétrin. Le « Nirvana » est un endroit réel, mais ce n'est pas la source de tout. Quel que soit le sentiment de bien-être et de paix qu'il procure, l'âme ne peut jamais s'y reposer. Avec le temps, elle s'agitera. La caverne de Platon est une machine à tromper sans fin, une machine qui comporte plus de couches qu'on ne peut l'imaginer. C'est pourquoi il est si difficile d'en sortir, car il y a tant de couches à traverser.

Tant que l'on n'a pas compris que ce royaume est une simulation artificielle diabolique qui piège l'âme (l'essence), les chances d'en sortir sont minces. Cela inclut les soi-disant « enseignants éveillés et éclairés ». Ils ont peut-être connu une période plus paisible ici, assis sur leur chaise et s'adressant à tout le monde à travers un micro avec un air souriant, mais ils reviendront probablement ici de la même manière que ceux qui ne s'intéressaient pas aux questions spirituelles. Rappelez-vous que, dans l'histoire de Platon, le seul prisonnier qui quitte la caverne est « traîné dehors ». Même dans l'allégorie, le prisonnier ne part pas de lui-même. Prenez cela à cœur. Je pense honnêtement, et je parle sérieusement, qu'une personne sur dix millions passera le piège de la réincarnation. C'est-à-dire cent sur un milliard. C'est peut-être cela. Ne pensez donc pas automatiquement que votre soi-disant gourou ou professeur éclairé sera l'un de ces centaines. Ou même vous. La plupart de ceux qui s'en sortent seront probablement des personnes dont personne n'a jamais entendu parler, parce qu'elles ont fait leur travail intérieur seules, peut-être sans même en parler aux membres de leur famille proche.

Rappelez-vous que si une personne tombe dans le piège de la réincarnation, elle sera placée dans un nouveau corps, après un effacement de mémoire à la *Westworld*. Tout ce qui concerne la vie actuelle sera oublié. Alors, même la « connaissance de l'Unité » et le fait d'exister dans le Vide non-duel ne serviront à rien. De retour dans un nouveau corps, ils devront refaire TOUT LEUR TRAVAIL SPIRITUEL. Pensez-y. Tout le grand travail intérieur qui a été fait par ces gens (et certains ont fait un grand travail, c'est le moins qu'on puisse dire), serait perdu dans l'effacement de la mémoire s'ils suivent la lumière/le pont et sont replacés dans un nouveau corps. Je sais que les gourous essaieront de vous convaincre, si vous abordez ce sujet, qu'ils sont tellement avancés qu'ils sont capables d'emmener tous leurs souvenirs dans un nouveau corps, ou qu'ils sont sur le point de devenir un être de lumière ou un travailleur de la lumière, ou tout autre nom lié à la lumière. Ne vous y trompez pas, ils seront de retour ici, ignorant tout comme ils l'étaient auparavant.[34] La vision de la vérité a tendance à se produire à la suite d'un traumatisme, et non dans la paix. Plus une personne doit remettre en question cette réalité insensée qui l'entoure, plus elle a de chances de voir au-delà l'origine de ce royaume. Richard Rose disait souvent à ses étudiants : « *Vous ne voulez pas la paix, vous voulez des réponses* ». C'est pourquoi je dis que si vous devez faire tout ce travail et briser les illusions dans cette vie, pourquoi ne pas aller jusqu'au bout ? Parce que si vous ne le faites pas, vous perdrez tous les gains que vous avez faits ici. Faites ce travail intérieur profond, non pas pour avoir une vie meilleure, une vie plus facile, une vie plus importante, mais pour connaître la Vérité et le Soi si pleinement que vous puissiez accomplir la seule tâche que nous ayons jamais eue : retourner Chez Soi.[35]

---

[34] Il est vrai que la plupart des chercheurs qui se penchent sur les idées de piège à âme ne mentionnent jamais l'idée de réalités parallèles et, par conséquent, de vies parallèles. Je parle de mes expériences à ce sujet dans *Falling For Truth*. S'il existe réellement 1 000 000 de versions de moi, vivant 1 000 000 de vies similaires mais uniques, quelle vie doit « s'échapper de la matrice » ? Si l'une des versions de moi échappe au Démiurge et s'en va, qu'advient-il des 999 999 autres homologues ? D'autres questions importantes sont à considérer.

[35] Vous êtes-vous demandé pourquoi on parle d'illumination ? Pour devenir lumière. En Égypte ancienne, le mot était Akh (lumière) / Akhu (celui qui est devenu lumière). Mais s'agit-il de la lumière pure de l'Allogenis (premier texte des codes de *Nag Hammadi*) ou de la fausse lumière du Démiurge et de cette simulation ? Ce monde a été trompé pendant longtemps avec des histoires « d'êtres de lumière » devenant un « travailleur de lumière », « étant sauvé par la lumière » et « allant vers la lumière ». Un gigantesque programme spirituel nous a été imposé, nous avons fait partie d'un jeu où l'obscurité a été déguisée en lumière.

3

L'ORIGINE D'UN PRÉDATEUR

> « *C'est ainsi qu'apparut pour la première fois un chef issu du chaos, à l'apparence de lion, androgyne, ayant en lui un sens exagéré du pouvoir et ignorant d'où il venait.* » *Apocryphe de Jacques* discutant du Démiurge[36]

J'ai mentionné de nombreux concepts dans les deux premiers chapitres, mais il est temps d'approfondir certains d'entre eux. L'analogie avec la caverne de Platon ignore complètement la question de savoir comment et pourquoi la caverne a été créée. La caverne et les prisonniers sont déjà là lorsque l'histoire commence, sans aucune autre explication. La plupart des mythes de la création, qu'ils proviennent de cultures anciennes, de religions ou de traditions autochtones, ont tendance à donner une « tournure heureuse » aux choses. Un Dieu créateur aimant a créé le monde matériel dans un but positif. En général, ces mythes sont plutôt simplifiés : un Dieu a créé les cieux et la terre, puis les créatures, et l'on passe rapidement aux récits mythologiques concernant ces créatures.

Il existe quelques récits de création uniques qui racontent une histoire différente. Certaines présentent un thème similaire à celui de ce livre, à savoir qu'il s'agit d'un royaume simulé, créé par un créateur maléfique. Ce qui est intéressant, c'est qu'en général, les groupes qui ont tenu de tels récits sont ceux que l'Église de Rome a pourchassés et exterminés. Je présenterai cinq sources uniques, anciennes et modernes : les cathares du sud de la France, les gnostiques qui ont écrit le codex

---

[36] Lash, John *In His Image* page 181

de *Nag Hammadi*, l'expérience extracorporelle de Robert Monroe en 1971, les livres de Carlos Castaneda et une vision que j'ai eue en 2009. Je pense qu'ils fournissent tous des bases pour comprendre ce qu'est notre royaume, « pourquoi nous sommes ici », et d'où proviennent certaines de mes thèses. Je ne dis pas que l'une d'entre elles est entièrement correcte, mais comme une casse-tête, elles nous donnent une partie de l'ensemble pour comprendre. Vous ne pouvez pas quitter la grotte tant que vous ne savez pas pourquoi elle a été créée.

*

Les Cathares

Je commencerai par les Cathares du sud de la France. Il s'agissait d'un groupe dualiste dont l'Église catholique a eu tellement peur qu'elle a lancé la première croisade contre son propre peuple pour l'exterminer en 1209. Ce groupe sera examiné dans un prochain chapitre, car sa principale croyance était qu'il s'agissait d'un monde où les âmes étaient prises au piège de la réincarnation. Leurs enseignements visaient à mettre fin à ce cycle constant d'incarnation. Les Cathares ne craignaient pas d'aller en enfer après la mort, car ils estimaient que le seul enfer qui existait était ce royaume matériel. C'est la réincarnation qui les effrayait, car c'est elle qui les forcerait à reprendre un corps, et donc à retourner en enfer.

Les Cathares voyaient deux créateurs : Le bon Dieu du *Nouveau Testament*, créateur du monde spirituel (et de tout ce qui est permanent), par opposition au Dieu mauvais, que les cathares identifiaient comme Rex Mundi (Dieu du monde), qui est le créateur du monde physique (tout ce qui est changeant) dans *l'Ancien Testament*. Toute la matière visible, y compris le corps humain, a été créée par Rex Mundi et a donc été souillée par le péché. Non pas à cause de quelque chose qu'Eve ou Adam a fait ou n'a pas fait, mais simplement parce que le monde matériel est artificiel (un hologramme ou une simulation). En général, Rex Mundi est assimilé à Satan, mais il est plus souvent lié au concept d'ange déchu de Lucifer (porteur de lumière). Ces idées les mettaient bien sûr en contradiction directe avec l'Église de Rome, dont le principe fondamental était qu'il n'y avait qu'un seul Dieu qui avait créé toutes les choses visibles et invisibles. Les Cathares étaient en désaccord avec l'Église pour la plupart de leurs croyances.

53

Il est possible que les Cathares aient cru à plusieurs récits de création. Le plus courant était étroitement lié au mythe gnostique de la création de Sophia, selon lequel Rex Mundi avait trompé un certain nombre d'anges pour qu'ils quittent le paradis. James McDonald, de www.cathar.info, affirme que l'histoire de la création humaine cathare a commencé lorsque Rex Mundi est arrivé au paradis et a voulu y entrer, mais que cela lui a été refusé. Il attendit mille ans, puis réussit à se faufiler à l'intérieur. À l'intérieur, il promit aux anges toutes les tentations possibles s'ils quittaient le paradis avec lui. *« Beaucoup d'âmes furent séduites et, pendant neuf jours et neuf nuits, elles tombèrent par le trou que le diable avait créé dans le ciel. Dieu l'a permis pour ceux qui voulaient partir, mais d'autres âmes (par accident) ont commencé à tomber par le trou et Dieu l'a donc scellé. Après leur chute, les âmes se sont retrouvées dans le royaume du diable sans aucune des bonnes choses qu'il leur avait promises et, se souvenant des joies du paradis, elles se sont repenties et ont demandé au diable si elles pouvaient revenir. Le diable leur répondit que non, car il avait façonné pour eux des corps qui les attacheraient à la terre et leur feraient oublier le ciel. »*[37] L'idée est que, bien que Rex Mundi ait pu fabriquer les corps, il ne pouvait pas les animer pour qu'ils pensent, sentent ou bougent. Il a donc demandé de l'aide au Bon Dieu, qui l'a fait, en leur donnant une âme pour qu'ils puissent travailler à leur retour vers lui. Comment Rex Mundi a-t-il pu créer des animaux, des oiseaux et des poissons et leur permettre de bouger, de sentir et d'agir, mais pas des êtres humains ?

Une histoire de création similaire est tirée du texte *The Secret Supper - The Book of John the Evangelist*, qui était à l'origine un texte bogomile[38], mais qui a été retrouvé sur certains cathares pendant l'Inquisition. Vous pouvez le lire par vous-même ici[39], mais je me contenterai de vous présenter quelques points saillants d'une conversation entre Jésus et Jean au paradis. Ce mythe prétend que le frère angélique de Dieu (Satan) tombe littéralement sur terre, d'abord brillant en blanc, puis en rouge. Il s'agit bien sûr de Lucifer, l'ange déchu, et ces deux noms (Satan et Lucifer) sont souvent interchangeables. Tout d'abord, le texte affirme que Satan a recruté un certain nombre d'anges, puis qu'une fois sur Terre, il a formé toutes les

---

[37] Ce mythe de la création peut être consulté à l'adresse suivante
http://www.cathar.info
[38] Groupe dualiste du sud-est de l'Europe
[39] http://gnosis.org/library/Interrogatio_Johannis.html

créatures vivantes : plantes, animaux, poissons, oiseaux et enfin un homme et une femme faits d'argile (qui étaient également animés par un ange). Cela ferait de toute l'histoire de la Genèse l'histoire de la création de Satan. À la fin du livre, Jésus raconte sa propre naissance et sa descente du ciel, et comment Satan a envoyé Élie sous la forme de Jean-Baptiste dans le royaume, afin de mettre en place un faux système de baptême d'eau. Le livre se termine par la description d'un jugement final, où les croyants finiront par vivre avec le Bon Dieu et Jésus, tandis que les non-croyants et Satan seront liés et jetés dans un étang de feu.

*

Les gnostiques [40]

> « *Le monde est né d'une erreur.* » Évangile de Philippe [41]

Le mythe le plus complet que nous ayons sur la création nous vient des gnostiques, qui ont réussi à cacher un codex clé dans les collines au-dessus de Nag Hammadi, en Égypte, avant leur destruction par les catholiques dans les années 300. Tous les gnostiques qui ont pu être trouvés ont été tués et tous les livres qu'ils possédaient ont été brûlés. La façon dont le *codex de Nag Hammadi* a survécu est en soi un miracle. Le mot « gnose » signifie « connaissance » en grec, mais il s'agit d'un autre type de connaissance. L'expression latine « savoir, c'est pouvoir » désigne un pouvoir que l'on peut trouver dans le domaine matériel. La gnose, en revanche, c'est la liberté, car il s'agit d'une compréhension intérieure de ce qui se trouve au-delà de ce domaine.

Alors que plusieurs chercheurs ont donné leur interprétation des mythes de création des gnostiques, John Lash donne ce que je considère comme le récit le plus complet dans son livre *Not in his Image* (2006) et sur son ancien site web www.metahistory.org. Je reviendrai

---

[40] Informations sur le mythe de la création https://gnosticismexplained.org/the-gnostic-creation-myth/
https://www.bibliotecapleyades.net/vida_alien/esp_vida_alien_18v.htm et Lash, John, *Not in his Image*
[41] *Nag Hammadi Codex 2 trouvé* à l'adresse suivante : gnosis.org

plus en détail sur les diverses croyances des gnostiques concernant la réalité dans un prochain chapitre. Pour l'instant, je présenterai une version simplifiée de leur histoire de la création, que l'on peut également appeler « la chute de Sophia ».

Les gnostiques étaient dualistes, comme les cathares, et considéraient qu'il existait un Bon Dieu (absolu, invisible) qui, avec une moitié féminine (connue sous le nom de Barbelo), produisait une série d'êtres spirituels appelés « éons ». Ils résidaient dans une sorte de ciel, connu sous le nom de Plérôme, que l'on traduit par « plénitude ». L'un de ces éons était la déesse Sophia, qui voulait donner naissance à un être par elle-même, sans l'implication d'un partenaire ou l'approbation du Bon Dieu (Père). Ce qu'elle a mis au monde, les Gnostiques l'ont appelé une sorte d'avortement et l'ont nommé le Démiurge « Artisan. » Avortement signifie ici quelque chose qui n'est pas désiré et qui est éjecté prématurément. C'est peut-être la raison pour laquelle le Démiurge s'est développé comme un esprit maléfique de type IA. Les textes gnostiques décrivent cette créature comme « ayant un corps de lion avec une tête de reptile. » Le Démiurge a également reçu le nom de Yaldabaoth. C'est lui qui a créé l'ensemble du domaine matériel (y compris les différents domaines astraux). Le Démiurge a d'abord créé une série de serviteurs, des créatures non organiques semblables à un ordinateur, connues sous le nom d'archontes.[42]

Pour créer le monde matériel, le Démiurge a créé une image miroir du lieu d'origine (Plérôme). Les gnostiques qualifiaient cette création de simulation (HAL en copte), qui devenait un monde inverse de celui dont elle avait été copiée. Tout dans notre réalité est une sorte d'hologramme, de la Terre aux planètes, en passant par les êtres. Les gnostiques prétendaient que le dieu créateur de *l'Ancien Testament* était le Démiurge, et non le Bon Dieu du Plérôme. Lorsque Sophia a vu l'issue de sa tentative d'accouchement, elle est devenue déprimée,

---

[42] Archonte se traduit généralement par « gouverneur d'une province » ou « autorité religieuse ou gouvernementale ». C'est pourquoi le pluriel, Archontes, est souvent traduit dans les textes gnostiques par « les Autorités », et une tentative des chercheurs d'en faire les dirigeants romains humains de l'époque. Les gnostiques les auraient vus comme des « êtres terrestres sous l'influence des archontes ». Les archontes appartiennent au domaine non organique du Démiurge. (Il n'y a pas de mot copte pour Archonte, les textes gnostiques utilisent donc le terme grec en translittération copte).

remplie de culpabilité et a pleuré continuellement. Le Père Divin vit sa douleur et lui pardonna, mais exigea qu'elle reste au neuvième ciel (la couche du ciel la plus proche du Plérôme, au-dessus de Yaldabaoth) pour trouver un moyen d'expier son erreur.

Le Démiurge et les archontes ont remarqué que Dieu avait créé une créature spéciale, un être céleste appelé Adam. Ils voulurent aussi un tel être et essayèrent de le créer. Mais il ne s'animait pas. C'est le même concept que l'on retrouve dans les récits cathares de la création (ce qui montre un lien certain), mais la question demeure : pourquoi le démiurge a-t-il pu animer tous les oiseaux, les poissons et les animaux, mais pas les premiers hommes ? Je n'ai pas encore vu de chercheur apporter une réponse à cette divergence. Les textes gnostiques affirment ensuite que des êtres du Plérôme, envoyés par le Bon Dieu, sont venus trouver le Démiurge et lui ont proposé de faire vivre l'homme créé. Ces êtres du Plérôme permirent à une étincelle de venir dans le premier homme à partir de Sophia. Celui-ci prit vie. Cela permettait au premier homme, et à tous les hommes par la suite, d'avoir l'étincelle du Divin à l'intérieur d'eux. Cela les rendrait plus spirituels et plus puissants que le Démiurge ou ses archontes. En même temps, par cette manœuvre, les êtres ont permis à Sophia de justifier son erreur.

En simplifiant l'histoire (c'est un récit très long et détaillé de la création), les archontes devinrent jaloux du nouvel homme parce qu'il avait plus de pouvoir intérieur qu'eux, alors ils le rendirent mortel. Un jardin d'Éden a été créé, qui comprenait tous les plaisirs matériels et la nourriture possibles, afin de le distraire de sa nature divine. Les archontes ont essayé d'obtenir ce pouvoir en prenant une partie d'Adam et en la plaçant dans une nouvelle créature, Ève. Adam a vu en Ève sa contrepartie dans la matière et ils se sont unis pour ne faire qu'un. Pour les gnostiques, le Christ apparaissait maintenant comme le serpent qui leur montrait à manger de l'arbre de la connaissance (gnose), par opposition à l'arbre du bien et du mal comme dans *l'Ancien Testament*, ce qui permit à Adam et Ève de retrouver leur connaissance totale de la création et des archontes.

Le démiurge viole alors Ève et la jette, ainsi qu'Adam, hors de l'Éden. Ève a deux fils, Caïn et Abel, également appelés « Yahvé » et « Élohim » (deux noms pour « Dieu » dans *l'Ancien Testament*). Aucun

57

d'entre eux n'a reçu l'étincelle divine. Ces deux-là pourraient être considérés comme des « hybrides » dans notre pensée moderne, mi-humains mi-machines d'intelligence artificielle. Les textes disent qu'Adam et Ève, quelque temps plus tard, ont eu des relations sexuelles consenties et ont eu un autre fils, qu'ils ont appelé Seth. Celui-ci reçut l'étincelle divine. Le démiurge devint furieux. Maintenant qu'il y avait un autre être plus puissant que lui, il « força Adam, Ève et Seth à boire « l'eau de l'oubli » afin qu'ils perdent leur gnose ». Bien qu'oubliée, l'étincelle de la gnose était toujours présente en chacun d'eux, et c'est ainsi que toute l'humanité (qui n'est pas un hybride) a accès à la même étincelle divine transmise au fil des générations. Les textes affirment que, tout comme Adam et Ève ont eu besoin que le Christ apparaisse pour leur révéler cela (sous la forme du serpent), le Christ est revenu à nouveau (peut-être sous forme holographique) pour faire la même révélation à toute l'humanité. Dans le *codex de Nag Hammadi*, le Christ est généralement désigné par le titre de « Rédempteur ».

Les gnostiques ont clairement indiqué que les archontes (par jalousie) tentaient constamment d'empêcher les humains d'atteindre leur étincelle divine. John Lash a affirmé qu'ils influencent par la télépathie et la suggestion, et que nous avons ensuite le choix de suivre ou non ces suggestions hypnotiques. Chaque fois que nous le faisons, nous nous éloignons un peu plus de notre centre humain. Ainsi, le contrôle total de notre esprit et de notre énergie est le moyen de surmonter leurs tentatives de nous faire choisir « l'erreur ». Lash affirme que la gnose est ce qui permet de surmonter ce piège, une sorte de « science noétique yogique mélangée à la parapsychologie », et que par la connaissance et l'utilisation de l'énergie, du sexe, des exercices spirituels, de la vision claire et des expériences hors du corps, l'étudiant peut retrouver sa Liberté Totale.

L'auteur américain Philip K. Dick a récemment tenté de présenter cette thèse gnostique dans sa trilogie *Valis*. Ces livres, et la connexion à Sophia, sont censés être apparus à la suite d'une expérience mystique en 1974, au cours de laquelle il a fait l'expérience d'un téléchargement d'informations dans son esprit (similaire à ce qui s'est passé lors de mon expérience de mort en 2005).[43] Les livres de

---

[43] https://blog.oup.com/2016/07/philip-k-dick-spiritual-epiphany/
https://en.wikipedia.org/wiki/The_Exegesis_of_Philip_K._Dick

Valis tentent de montrer qu'avec la sagesse de la Gnose, nous pouvons surmonter nos illusions et notre condition de victime.

*

Réinitialisation de « *Loosh* »[44]

J'ai parlé des réinitialisations dans le livre, et j'ai pensé qu'il fallait en parler un peu plus. Dans la terminologie utilisée ici, une réinitialisation signifie « une action mise en mouvement par des entités de contrôle pour modifier complètement le tissu de l'environnement de ce royaume ». Plus vous comprenez cette réalité, et que les humains ne sont qu'une petite partie d'un grand tout, plus ce qui se passe réellement avec les réinitialisations devient clair. Pour expliquer ce royaume, je vais partager les points de vue de Robert Monroe (qui a écrit des informations à partir d'une expérience extracorporelle qu'il a vécue il y a cinquante ans) et de Carlos Castaneda, et les mettre en contraste avec une vision qui m'a été donnée en 2009 lors d'une cérémonie autochtone. Ensemble, ils pourraient peut-être nous en dire plus sur ce à quoi nous avons affaire lorsqu'il s'agit de savoir d'où nous venons, où nous sommes et où nous allons.

Robert Monroe est devenu le plus grand chercheur sur les phénomènes extracorporels. Au chapitre 12 de son livre *Far Journeys*, il présente une « expérience extracorporelle » (EEC) qu'il a vécue, au cours de laquelle il a rencontré un être de lumière qui lui a donné des détails sur notre royaume. L'être a décrit la Terre comme une expérience géante pour les « êtres créateurs » afin de construire le système parfait de récolte du « loosh ». « Loosh » est un mot inventé par Monroe pour désigner un type spécifique d'énergie récoltable dont les êtres créateurs (Démiurge et archontes) ont besoin. Bien qu'une partie de l'énergie soit récoltée pendant que les êtres sont encore en vie, la majorité est prélevée à leur mort. Cette énergie est censée être

---

[44] Des informations sur l'expérience de Monroe sont disponibles dans son livre *Far Journeys*, et l'analyse de Bronte Baxter *Tracking the Crack in the Universe - Loosh 101*
https://www.bibliotecapleyades.net/vida_alien/alien_archons93.htm
https://www.bibliotecapleyades.net/ciencia2/ciencia_conscioushumanenergy100.htm

utilisée par le Démiurge et les archontes pour « prolonger leur propre durée de vie ». Je dirais que cette phrase, exprimée en termes informatiques, signifie que l'énergie est injectée dans le réseau électrique de la simulation informatique pour la faire fonctionner, et donc pour « prolonger la durée de vie de la simulation ». Pour que cela se produise, un « jardin » a été créé par « ces êtres » pour cultiver leur source de nourriture.

Notre monde est dominé par ce que nous appelons « la chaîne alimentaire », le besoin de manger d'autres choses pour survivre. Monroe explique que la chaîne alimentaire n'a été mise en place que pour maximiser le « loosh » au moment de la mort. Aucune créature ne peut survivre longtemps sur Terre ou dans ce royaume sans manger quelque chose. Un végétarien peut penser que manger une carotte n'est pas la même chose que manger un canard, mais tous sont des organismes vivants qui ne sont là que pour faire partie de la ferme « loosh », et leur mort est la même que celle de n'importe quelle autre créature de ce point de vue. Si un Bon Dieu créateur était réellement à l'origine de cette place, et si de l'énergie était nécessaire pour le faire fonctionner, un bien meilleur système aurait pu être mis au point. Les gens essaient d'ignorer ce problème, mais il est essentiel de voir que la seule raison pour laquelle une chaîne alimentaire existe est qu'elle provient de l'esprit de ce qui est mauvais.

En lisant attentivement ce chapitre, Monroe semble indiquer qu'il y a eu plusieurs créations de cette expérience mondiale, ainsi que plusieurs démarrages et démantèlements. Diverses réinitialisations ont été mises en œuvre, chaque fois à la recherche d'un meilleur système de production de « loosh ». Il devient presque évident que Monroe raconte l'histoire plus conventionnelle de la Terre, mais avec la particularité qu'il s'agit d'une production de « loosh », et non d'un voyage évolutif. Son chapitre suggère que les premiers prototypes de créatures pour la récolte de « loosh » dans cette réalité étaient peut-être les dinosaures. Oui, je sais, beaucoup de gens ne pensent pas que les dinosaures ont existé, mais je crois que c'est une réponse au fait que l'histoire standard présentée par la science n'a pas de sens. Le concept même de dinosaures est donc rejeté. Il y a peut-être une réponse pour les dinosaures, et pour nous, et Robert Monroe a peut-être fourni des pistes pour y parvenir.

Avec les dinosaures comme premières créations, le Démiurge s'est rendu compte à temps qu'ils ne pouvaient pas fournir une quantité suffisante de « loosh », ou bien les dinosaures ont trouvé un moyen de bloquer la récolte. Par conséquent, ils ont été anéantis par la première réinitialisation (c'est pourquoi l'histoire des dinosaures tend à être si controversée). Il ne s'agit pas d'un astéroïde accidentel. On pourrait l'appeler le premier déluge - un acte de destruction prémédité. Le livre de Monroe affirme que de nouvelles créatures « loosh » ont alors été créées, qui semblent être des plantes et des animaux modernes. Ces premières versions comprenaient peut-être aussi des créatures que nous appelons aujourd'hui Néandertal et Cro-Magnon. Elles semblent toutes deux beaucoup mieux adaptées à cet environnement, avec une épaisse pilosité qui fait office de fourrure et réduit la nécessité de porter des vêtements.

Les responsables de l'expérience ont remarqué que lorsque les créatures se battaient pour des ressources rares ou qu'il y avait des conflits, la récolte de « loosh » était très élevée. C'est pourquoi les animaux ont été dotés de crocs, de griffes ou d'une grande rapidité, afin de prolonger ces « combats à mort » le plus longtemps possible et de créer ainsi encore plus de « loosh ». Plus de souffrance, surtout avant la mort, signifiait plus de « loosh ». C'est ainsi que les systèmes de sacrifices humains ont vu le jour, à la demande des « dieux » qui voulaient un bon spectacle de souffrance et de mort pour se nourrir et se divertir, dans l'espoir que les dieux ne « mangeraient » pas la personne sacrifiée. Non seulement il y aurait une bonne récolte de « loosh », mais ils pourraient faire croire aux humains qui le font qu'ils « apaisent les dieux » et rendent les choses meilleures et plus sûres ici sur Terre. Même Jésus a fait l'objet d'un sacrifice de sang. Ils ont également découvert que la souffrance, en particulier la peur exceptionnelle, produisait également plus de loosh, et le royaume a donc été modifié pour générer une peur constante. Bien sûr, avec le temps, les contrôleurs ont réalisé qu'ils n'avaient même pas besoin de générer des menaces réelles pour que les humains soient effrayés, il leur suffisait de présenter des « nouvelles » indiquant qu'il pouvait y avoir une menace, et c'était suffisant.

Les conflits, les sacrifices et la nourriture pour les dieux ont également été présentés dans les articles de Brontë Baxter sur le sujet, de manière similaire à ce que Monroe présentait dans les textes anciens de l'Inde : « L'univers est maintenu par le sacrifice » (Atharva Veda) et «

61

La mort (en tant que Créateur) a décidé de dévorer tout ce qu'elle avait créé ; car elle mange tout... ». « Il est le mangeur de l'univers entier ; cet univers entier est sa nourriture. » (Mahabharata)[45]

Constatant que les conflits permettaient d'obtenir de meilleures récoltes, Monroe a écrit que les êtres créateurs ont réinitialisé le monde précédent et ont introduit ce nouveau monde en tant que nouvelle expérience. Ce nouveau monde comprenait un nouvel être... nous. Nous avons été créés en tant que créature pour générer ces niveaux élevés de conflit et infliger ces niveaux élevés de souffrance que les contrôleurs de cette expérience veulent. L'âme humaine ne veut pas de souffrance ni de conflit - c'est ce que veulent les contrôleurs de l'expérience.

Bien entendu, je n'ai fait qu'une analyse succincte du chapitre de Monroe. Je vous suggère de le lire par vous-même si vous avez accès au livre. La vie de Monroe devient très étrange après cette expérience. On prétend qu'il a d'abord fait une dépression de deux ou trois semaines. Lorsqu'il en est sorti, il a écrit le chapitre, puis n'a plus jamais parlé du sujet. Même son institut, le plus grand centre de recherche sur les EEC, n'a généralement rien à dire sur le chapitre douze, le « loosh » ou la récolte d'énergie par des êtres extraterrestres. Pour m'amuser, je suis allé sur le site web et j'ai fait une recherche sur le terme « loosh ». Je n'ai trouvé aucun lien. Il était le fondateur de ce concept et le site de son institut ne le mentionne même pas. C'est étrange, non ?

Je peux prendre l'histoire de base de Monroe et y ajouter d'autres concepts basées sur mes idées et mes propres expériences. Au fil du temps, les contrôleurs de cette expérience ont décidé de nous rendre mentalement faibles et ils nous ont donné un esprit imbu de soi-même. Les humains sont en fait des êtres puissants dans ce monde. Mais ce pouvoir a été délibérément caché et recouvert. Les nouveaux humains ont été créés pour ne pas survivre facilement dans ce royaume, et donc pour se sentir constamment déplacés, comme si nous

---

[45] Bronte Baxter
https://www.bibliotecapleyades.net/vida_alien/alien_archons93.htm
https://www.bibliotecapleyades.net/ciencia2/ciencia_conscioushumanenergy100.ht
ml

avions « besoin » que les dieux nous disent quoi faire et comment être. Ils nous ont dit que nous devions leur faire confiance, puis ils nous ont donné l'argent, la loi, le gouvernement et tous les autres systèmes de contrôle pour s'assurer que nous soyons facilement « contrôlés ». Ainsi, les contrôleurs de l'expérience sont semblables aux fermiers modernes qui s'occupent des moutons ou des vaches dans une étable pendant l'hiver - ils leur donnent juste assez pour qu'ils puissent survivre, mais pas assez pour qu'ils puissent vivre sans le fermier. L'agriculteur pense qu'ils savent ce qui est le mieux pour les animaux, qu'ils sont en-dessous d'eux, que les animaux ne sont là que pour leur propre usage, pour faire gagner de l'argent à l'agriculteur, afin qu'il puisse construire une nouvelle terrasse ou acheter un nouveau tracteur.

En cours de route, il y a eu de nombreuses mini-réinitialisations pour modifier les choses ici et là. La théorie alternative standard concernant les réinitialisations passées tendait à dire que « les humains deviennent trop intelligents » ou « ils sont trop nombreux à comprendre les choses », et que le système doit donc nous arrêter. Il s'agit là d'un raisonnement qui ne tient pas compte de la réalité. Au fond, les réinitialisations sont simplement une question d'énergie. Une théorie veut que l'ensemble du système informatique de l'IA ait besoin d'une mise à jour de sa puissance, et qu'il soit donc en train de mettre à jour les principales créatures génératrices de « loosh » dans ce royaume. C'est peut-être de cela qu'il s'agit dans la réinitialisation actuelle - nous sommes « mis à niveau » pour produire de plus grandes récoltes d'énergie à l'avenir. Cela n'a rien à voir avec le commerce, les affaires ou ce que les gens possèdent. Il s'agit là de fausses pistes pour une vision plus large. Il s'agit de créer un nouvel être humain, en l'occurrence un être *mi-humain mi-robot,* qui sera totalement contrôlé et surveillé. L'élite de notre royaume, ce sont les agriculteurs, et ils s'efforcent de nous garder captifs et distraits jusqu'à ce que le camion d'abattage vienne nous chercher.

C'est là que nous nous trouvons depuis des siècles, enfermés dans notre pouvoir naturel, vivant dans le mensonge de l'ignorance. Quelques-uns parviennent à s'en affranchir. Ils sont connus sous le nom de chamans, mais ils ont tendance à être minimisés par le reste des moutons. Les larbins des contrôleurs mettent en place un monde où quelqu'un qui sort du conditionnement doit devenir un chaman, rendant ainsi la reconquête de son véritable pouvoir presque impossible pour les masses.

La présentation de Monroe pose cependant une question sans réponse. Si nos âmes sont ce qui est piégé dans ce royaume matériel, et si nos âmes sont trompées par le Démiurge pour y retourner lorsque nous mourons (comme le suggèrent les cathares), alors quand nos âmes ont-elles été initialement trompées pour être ici ? Les âmes étaient-elles ici à l'époque des dinosaures, et si c'est le cas, qu'est-ce que ces âmes étaient piégées ou contenues ? Les dinosaures ? Les premiers humains ? L'espace désincarné ? La croyance habituelle à ce sujet est que seules les âmes humaines sont piégées ici. Cela signifie que soit les âmes humaines n'ont été piégées qu'il y a quelques milliers d'années (lorsque cette réinitialisation et cette création majeures ont eu lieu), soit les âmes ne sont pas aussi « spécifiées » que nous le pensons, et peuvent être contenues dans n'importe quelle créature de la création. Lorsque vous voyez qu'un chien, une girafe, un corbeau, un arbre ou un rocher a une âme tout comme vous, cela change également la façon dont une personne interagit avec le monde.

Tout cela est symbolisé par le film *Monstres Inc.* La majeure partie du film raconte comment les êtres du « monde des monstres » doivent entrer dans le monde des humains pour que les cris des enfants (tous les humains) alimentent leur monde. C'est à peu près la réalité en bref. Bien sûr, le film présente une « fin heureuse de conte de fées » où les monstres apprennent que le rire leur donne plus d'énergie que la peur. Non. Si les êtres qui dirigent cette réalité y croyaient, ils auraient modifié l'expérience depuis longtemps. Ils testent les possibilités de « loosh » depuis longtemps. Les réinitialisations consistent en fait à changer la récolte de « loosh ». Ils ont maintenant l'impression que la récolte ne leur donne pas ce dont ils ont besoin, peut-être parce que le système devient plus grand ou va plus vite. Le passage au niveau *trans-humain* suivant a pour but de créer une récolte de « loosh » encore meilleure. L'enfermement dans une réalité artificielle d'IA (style matrice) pourrait être la nouvelle expérience de récolte préférée des contrôleurs.

*

Carlos Castaneda

Carlos Castaneda a abordé ce sujet dans deux de ses livres. L'un est le *Don de l'Aigle* où il discute des idées d'un Démiurge, l'autre est son dernier livre, *The Active Side of Infinity*, où il discute de la récolte parasitaire de notre énergie. J'examinerai ses présentations plus en détail dans un prochain chapitre (car *The Active Side of Infinity* n'est pas le livre que les gens ont fini par croire, c'est quelque chose de bien plus important pour notre étude des pièges de la réincarnation), mais pour l'instant, un rapide aperçu de ces deux parties des livres.

Le *Don de l'Aigle* comprend une présentation d'une force qui a créé toute vie, qu'il a appelée l'Aigle. Il ne s'agit pas d'un aigle réel, mais d'un aigle qui apparaît à ceux qui le voient. Cet aigle, tout en créant cette réalité, était également responsable de ce qui se passe à la mort, et tous ceux qui meurent seront confrontés à l'aigle. « L'aigle dévore la conscience de toutes les créatures qui, vivantes sur terre un instant auparavant et maintenant mortes, ont flotté jusqu'au bec de l'aigle, comme un essaim incessant de lucioles, pour rencontrer leur possesseur, leur raison d'être... L'aigle démêle ces minuscules flammes, les étend à plat, comme un tanneur étend une peau, puis les consomme ; car la conscience est la nourriture de l'aigle ».[46] Castaneda ne prétend pas que l'aigle (le démiurge) se nourrit d'énergie, mais qu'il se nourrit de nos expériences de vie. C'est ce qu'il veut. En tant que telle, la récapitulation de la vie est d'une importance cruciale, car si nous lui remettons nos expériences de vie avant de mourir, il n'y a pas besoin d'être dévoré. Nous pouvons alors trouver ce qu'il appelle « une fissure ou un moment de chance », pour « passer devant l'aigle et être libre ». Il s'agit là aussi d'un indice, car il veut des expériences de vie, ce qui ferait de ce royaume une sorte d'expérience. Je reviendrai sur ce point dans le dernier chapitre.

Dans le chapitre *Mud Shadows* (ombres de boue) de son livre, *The Active Side of Infinity*, Castaneda parle des êtres parasites. Il est intéressant de noter qu'il a attendu presque les derniers chapitres de son dernier livre pour révéler cela au public. En simplifiant, son message est que des êtres inorganiques, appelés « prédateurs » ou « volants », ont transformé les humains en source de nourriture. Ce qu'ils

---

[46] *Le Don de l'Aigle*, par Carlos Castaneda

mangent spécifiquement, c'est un manteau d'énergie qu'il appelle « le manteau lumineux de la conscience ». Ce manteau doit être similaire à ce que Robert Monroe entendait par « loosh ». Ce que ce prédateur a fait pour s'assurer que nous étions de bons animaux de ferme, c'est de nous donner son esprit, ce que Castaneda appelle une « installation étrangère parasitaire ». Cet esprit crée des conflits, de la confusion, de la dépression, de la peur, de la colère, de la culpabilité et toutes les humeurs négatives. Il est vrai que les bonnes humeurs produisent également de l'énergie récoltable, mais à un niveau inférieur. Cet esprit parasite a pris le dessus sur notre véritable esprit (qui était en nous avant que le parasite ne soit installé) et une grande partie de la première moitié de *The Active Side of Infinity* consiste à retrouver cette connexion avec notre véritable esprit. La récapitulation fait également partie de ce processus.

Ce qui est le plus intéressant dans ce chapitre, c'est que Don Juan (le professeur de Carlos) propose des suggestions pour se libérer du prédateur. Il ne s'agit pas d'aller réparer le monde, mais de se concentrer sur soi-même, de « se discipliner au point qu'ils ne nous touchent plus ». La discipline, dans ce cas, ne signifie pas les routines quotidiennes ou la concentration, mais « la capacité d'affronter des obstacles qui ne font pas partie de nos attentes - l'art d'affronter l'infini sans broncher, non pas parce qu'ils sont forts et coriaces, mais parce qu'ils sont remplis d'admiration ». En accumulant ce que Castaneda appelle le « silence intérieur », on peut rendre le « Manteau lumineux de la Conscience » « peu appétissant » pour les tracts. Nous ne les attaquons pas, nous faisons en sorte qu'ils n'aiment pas le goût de notre énergie « loosh », afin qu'ils cessent d'essayer de nous manger. « La grande astuce... consiste à imposer à l'esprit du « volant » de la discipline, du silence intérieur, et l'installation étrangère s'enfuira ».[47]

Je ne sais pas exactement comment cela fonctionne. Ce que je peux dire, c'est que dans les périodes où je me concentrais le plus sur le calme de l'esprit, pas tellement par un type de méditation, mais simplement en me concentrant clairement sur ce que je faisais, j'ai constaté qu'il y avait moins de gymnastique mentale sauvage en cours. Lorsque j'ai ajouté cela à l'exercice que Castaneda appelait « la bonne façon de marcher », il pouvait y avoir de longues périodes pendant

---

[47] Castaneda, *The Active Side of Infinity* pages 221-226

lesquelles les pensées n'apparaissaient pas. Je ne les « forçais pas à s'arrêter », mais la façon dont je marchais mettait tellement l'accent sur le monde que les pensées n'apparaissaient pas. Peut-être qu'une partie de ce qui est mangé par le « volant » est la pensée elle-même. Rappelez-vous que nous avons un dicton très étrange lorsque nous faisons une suggestion intéressante à quelqu'un : « c'est de la nourriture pour la pensée ».

*

Il y a une autre histoire d'origine que je voudrais mentionner brièvement, parce que certains lecteurs ici peuvent l'avoir rencontrée. Le problème est qu'il est difficile de savoir s'il s'agit d'une fausse histoire, d'une histoire vraie, d'une désinformation ou de tout cela à la fois. Et c'est une histoire très étrange. En 1998, un nouveau site web connu sous le nom de « wingmakers » a été l'une des premières sensations de l'Internet. Ce site est aujourd'hui supprimé, mais un site similaire a pris sa place peu de temps après, et il existe encore aujourd'hui. Des millions de personnes ont visité ce site, qui suggérait que le gouvernement américain avait trouvé, dans les années 1970, une ancienne capsule temporelle extraterrestre, ce que l'on peut appeler au mieux une capsule temporelle. L'histoire implique une Terre qui est une copie et des âmes qui sont piégées, trompées pour habiter des corps physiques. Mais l'histoire du site web et tout le reste sont tout simplement étranges. Je laisse les notes de bas de page pour la présentation de l'histoire par Wes Penre, et pour le nouveau site des « wingmakers » ci-dessous, au cas où vous décideriez d'y jeter un coup d'œil.[48]

*

La Vision

Il existe un autre point de vue sur ce royaume et sur la raison pour laquelle nous sommes tels que nous sommes. Je n'y ai fait qu'allusion à ce stade du livre, mais je vais partager ce point de vue

---

[48] https://wingmakers.com/about/ancient-arrow-site/ ,
https://docs.google.com/file/d/0B5RUtnz0S-o6S2xiMzVTaThib3dhTTlMUGd0cUl3SG9NQ2JV/edit?resourcekey=0-C9sYLSdqSJAhHiLbrEtYzw, https://wespenre.com/tag/james-mahu/

67

maintenant. J'ai eu cette vision en 2009. Ma vision était que ce n'était pas le Démiurge qui nous avait créés, mais la nature, afin de nous aider à trouver un moyen d'échapper au Démiurge. La vision indique que le Démiurge a créé le monde, mais que c'est la nature qui nous a créés, et que c'est la raison pour laquelle ses archontes et ses serviteurs dans le monde essaient si fort de nous arrêter et de nous ralentir.

En repensant à cette expérience, je me suis rendu compte qu'il s'agissait d'une coïncidence : pour « avoir cette vision », je suis entré dans une « grotte » pendant mon voyage onirique. Ce qui est également très intéressant, c'est ce que j'ai ressenti lorsque j'en suis sortie, rafraîchie et renouvelée. J'ai laissé la vision telle quelle, mais j'ai ajouté des doubles crochets autour d'une idée supplémentaire qui donne un autre point de vue sur ce que la vision originale pouvait indiquer. Cette vision affirme que toute la nature est piégée, mais elle ne m'a pas dit comment elle avait été créée, quel avait été son piège originel, ni comment les âmes animent les humains.

« Fin 2009, un feu alchimique intérieur a commencé à brûler. Des parties cachées de mes propres structures égoïques que je croyais disparues depuis longtemps sont remontées à la surface, apportant beaucoup de douleur et de confusion, à la mesure du feu intérieur qui ne voulait pas s'éteindre. Les démons et les forces obscures ont commencé à intensifier leurs attaques. D'un côté, je me demandais pourquoi ? Pourquoi s'en prendre à un homme en difficulté, pourquoi s'en prendre à quelqu'un qu'il faut arrêter ? J'ai fait face, nuit après nuit, avec une heure de sommeil et peu d'intérêt pour la nourriture. Je souffrais intérieurement de mes propres erreurs et de mon manque de confiance en tous les dons qui m'avaient été offerts. J'ai passé un week-end avec un homme-médecine autochtone, Jerry, et au cours de ce week-end, cette « ancienne » vision m'est apparue. Par « ancienne », j'entends ce qui est venu aux premiers humains il y a 100 000 ans pour expliquer qui nous étions, d'où nous venions et ce que cela signifiait.

« Avant la naissance des premiers hommes, il y avait des rochers, des arbres, des plantes, des animaux et de l'eau. Un jour, ils ont réalisé qu'en dépit de leur apparente liberté et de leur paix, ils étaient pris au piège dans une sorte de boucle. Ils ont vu ce qu'il fallait faire pour qu'ils gagnent tous leur liberté, mais eux-mêmes (la nature) ne pouvaient pas accomplir cet acte. Ils se sont réunis pour savoir ce qu'il fallait faire.

Ils demandèrent l'aide de Mère Sophia. Elle a permis à la nature de créer un nouvel être pour les aider à faire ce qu'ils ne pouvaient pas faire. La nature a créé les humains en tant que force active pour ouvrir la porte de la liberté, et pour nous aider, la nature serait notre guide. La nature a créé l'homme à partir de toutes les parties d'elle-même : une plante, un rocher, une goutte d'eau, une bouffée d'air et un animal ont tous combiné leurs forces. La partie animale qui est venue pour chaque être humain est maintenant appelée l'animal « de pouvoir » ou « totem », parce que c'est la partie la plus facile à atteindre des forces de la nature qui nous ont créés. Tous les humains ont été créés en même temps, mais n'ont été amenés dans le monde manifesté qu'en fonction des besoins. Ils nous ont alors demandé de faire les choses qui devaient être faites pour eux.

C'est pourquoi la nature nous permet de l'utiliser. Parce que nous faisons partie de la nature, nous sommes ici pour faire un travail pour la nature, c'est elle qui nous a demandé d'être ici et qui nous a créés. C'est la raison pour laquelle les arbres se laissent abattre pour se chauffer ou qu'un cerf se laisse tuer pour sa viande. Ils le font en sacrifice pour nous, afin que les humains puissent continuer à remplir le rôle pour lequel ils ont été créés. Si nous parvenons à remplir ce rôle, alors non seulement tous les humains, mais aussi toute la nature, seront libres. La boucle sera bouclée. La nature peut guider les humains jusqu'à cette porte, mais il faut que les humains la franchissent.

Lorsque la nature a compris ces choses pour la première fois, elle a également vu qu'il existait une force obscure qui maintenait tout enfermé dans une étrange boucle temporelle continue. Au début, ces ténèbres n'avaient pas besoin de faire grand-chose, car la nature ne pouvait pas faire grand-chose elle-même pour y mettre fin, parce qu'elle était organisée comme un « cercle de vie » en boucle (chaîne alimentaire). Elle ne pouvait pas mettre fin à la boucle sans mettre fin à elle-même. C'est pourquoi la nature a créé les humains. Et cette force obscure a immédiatement reconnu que les humains représentaient un danger pour l'ensemble du système. La force obscure a créé une contre-force à partir d'elle-même qui avait pour seule tâche de s'assurer que les humains ne pouvaient pas accomplir leur tâche. (On pourrait voir cela comme une armée de M. Smith de Matrix). Car si les humains réussissaient, toute la nature serait libre et la force obscure n'aurait nulle part où aller. La force obscure dépend de la boucle du vortex.

C'est la raison pour laquelle cette force obscure s'attaque si durement aux humains, mais rarement à la nature directement. La nature a créé des lieux de pouvoir, des lieux de forte énergie où les humains peuvent se rendre et communiquer ouvertement avec les esprits de la nature - et avec les esprits qui vivent dans le royaume au-dessus de la nature. Les premiers hommes ont construit des temples et des structures pour établir cette communication ou pour amplifier le pouvoir de ce qui leur était montré. Voyant cela, la force obscure a passé une grande partie de son temps à essayer de prendre le contrôle de ces lieux de pouvoir, qui sont les ouvertures directes de la communication entre la nature et les humains. Au fur et à mesure que les forces obscures s'emparaient de ces points, la nature leur a transmis un nouveau moyen de communication qui, bien qu'il ne soit pas aussi clair et parfait (comme une ligne téléphonique semi-goudronnée), était une ligne que les forces obscures ne pouvaient pas couper. Elles ont donné aux humains des cérémonies et des outils électriques qui créaient en quelque sorte une petite ouverture électrique là où la cérémonie était célébrée.

Au fur et à mesure que les humains apprenaient et comprenaient mieux ce qu'est cet endroit et ce qu'est notre travail, les forces obscures ont eu besoin d'intensifier les attaques, et ont manifesté une « force générée par ordinateur » d'attaque suprême à l'intérieur de l'état de rêve. Une partie de leur travail consistait à tout faire pour bloquer les cérémonies données aux humains, et c'est ainsi qu'ils ont commencé leurs propres contre-cérémonies (inversées) « rituels sataniques, conditionnement subliminal et contrôle de l'esprit ». L'une de leurs tentatives les plus étonnantes pour arrêter les humains a été de nous donner un parasite, l'esprit égoïque. Ce virus s'est propagé jusqu'à ce que peu de gens puissent réaliser qu'il y a eu un temps où il n'existait pas, et personne ne remet en question l'origine de l'esprit égoïque. Pourtant, tous les ouvrages spirituels de l'histoire parlent des dangers de notre propre esprit. Pourquoi notre esprit serait-il dangereux s'il est le nôtre ? Et c'est là le point qui leur échappe. Ce n'est pas le nôtre, c'est le mécanisme de blocage de ces forces obscures. (Ces forces obscures ont, au fil du temps, amené les humains à oublier de plus en plus la raison pour laquelle nous sommes ici. Beaucoup d'entre eux passent même leur temps à détruire et à nuire à la nature et à ses créatures, les choses mêmes qui nous ont donné notre vie originelle).

La nature connaît la sortie. Elle sait où se trouve la porte et ce qu'il faut faire. Elle veut nous conduire jusqu'à cette porte. Mais elle sait aussi qu'il faut d'abord éliminer le parasite-virus (l'esprit égoïque). Et c'est un défi bien plus grand que ce que l'on croit. Ce n'est que lorsque ce parasite aura complètement disparu que la nature pourra à nouveau dialoguer directement avec nous, nous guider et nous montrer ce qu'il faut faire. La nature peut transmettre des messages, fournir de l'énergie, lever des blocages, mais c'est à nous de faire le reste. La nature n'est en aucun cas séparée de nous, nous venons directement d'elle. Ce n'est pas pour rien que, dans le mythe de la création, les humains sont faits de l'argile de la terre. Il est symbolique de dire que notre créateur est la nature elle-même, la Terre a permis la création par la nature. La Terre n'est pas notre mère, mais notre GRAND-

Si vous remarquez bien, à la fin de cette vision, j'ai utilisé le mot « réinitialisation ». Ce résumé a été écrit en 2009, bien avant que ce mot ne soit utilisé dans la vie quotidienne comme il l'est aujourd'hui. J'ai commencé par dire que la nature était « piégée ». Je n'ai pas expliqué comment elle était piégée en particulier, mais c'est le mot qui est apparu dans ma vision. Ce qui rend cette vision si intéressante, c'est que nous ne sommes pas piégés directement par le Démiurge, nous sommes piégés parce que nous venons de ce qui est déjà piégé, la « nature ». Mais il y a dans les humains une partie spéciale qui permettrait, non seulement notre sortie, mais aussi celle de toute la nature, en fait de tout le royaume. Ma vision est donc très différente des mythes de création des gnostiques et des cathares, qui croyaient que les âmes humaines avaient été trompées pour venir dans la matière. Il est très différent de penser que nous pourrions être une âme « non-individuelle » telle que nous la concevons habituellement, mais plutôt liée aux âmes de la nature. Peut-être que chaque humain qui met fin au cycle de réincarnation emporte une partie de la nature avec lui, lorsqu'il s'en va.

Je ne peux pas être certain de la véracité de cette histoire. Sommes-nous des âmes qui ont été trompées par le Démiurge/Satan pour venir ici, comme le disent les gnostiques et les cathares ? Vivons-nous dans ce qui était autrefois une sorte de beau paradis avant que les forces obscures ne s'en emparent et n'emprisonnent toute vie, comme Castaneda et ma vision pourraient le suggérer ? Sommes-nous des créatures « *loosh* » créées par le Démiurge bien après la naissance de ce royaume ? Tout ce que je peux dire, c'est que nous devons garder

71

toutes les options ouvertes. L'essentiel est que, d'une manière ou d'une autre, nous faisons partie d'un monde agricole semblable à une prison, et que des forces obscures s'efforcent de nous maintenir piégés et trompés, en nous réincarnant encore et encore dans un environnement de récolte d'énergie en boucle.

Certains pourraient dire que les humains sont une expérience ratée et que nous devrions être éliminés. Compte tenu de la façon dont nous nous sommes comportés et avons maltraité la planète et nos proches, je peux comprendre que beaucoup en soient arrivés à cette conclusion. Mais si ce monde n'a pas été créé par un Dieu aimant, mais par un démiurge maléfique, tout commence à prendre un sens. Les humains agissent de la manière dont ils ont été conçus, et il est étonnant de voir combien d'entre eux peuvent briser ce conditionnement et se comporter d'une manière plus ou moins saine. Si vous croyez en un créateur aimant, vous aurez l'impression que les humains ont en quelque sorte échoué. Mais quand on voit que tout le système n'a pas été mis en place pour que les humains soient gentils, harmonieux ou équilibrés, mais plutôt pour que nous soyons terribles les uns envers les autres afin de récolter plus de « *loosh* », les choses deviennent plus claires. Si les humains vivaient en harmonie et agissaient gentiment les uns envers les autres, il y aurait très peu de « *loosh* » à récolter. Je crois que les entités contrôlantes ont essayé cela au tout début (les souvenirs historiques de cette époque étant ceux d'un âge d'or), mais la récolte de « *loosh* » était trop faible dans ce système, et une fois qu'elles ont vu que les conflits et la souffrance créaient plus de « *loosh* », le système a été changé. Il n'a pas changé parce que les humains voulaient qu'il change ce monde, mais parce qu'il était bénéfique à ceux qui contrôlent toute cette simulation. La simulation est maintenant conçue pour que les humains soient des trous du cul manipulateurs et imbus d'eux-mêmes. Il est donc plus facile d'accepter les sous-fifres du contrôleur comme des « super exemples » de nous dans le monde matériel. Peut-on vraiment parler d'expérience ratée, si l'expérience a été délibérément conçue pour que nous échouions ? Pouvez-vous vous considérer comme un perdant dans une compétition conçue intentionnellement pour que vous ne puissiez pas gagner ?

L'obtention d'objets et de titres dans le monde physique n'est pas une victoire, mais une distraction égoïste. Nous avons le pouvoir intérieur et les outils intérieurs pour retrouver la totalité de la connaissance (gnose), et nous pouvons utiliser ces dons pour voir au-delà des nombreux effacements de mémoire, des souffrances antérieures et concentrer notre intention sur une seule chose : retourner à la Source. Il est vrai que nous devons être prudents, car une autre astuce de l'état d'après-mort est de faire en sorte que le nouveau défunt « se sente » chez soi (j'ai utilisé à dessein un petit s ici). À un certain niveau, l'âme est à la recherche de sa Source (S majuscule) et, comme dans toutes les ruses, c'est une copie qui est présentée comme la vraie chose. Ne laissez pas les expériences de bien-être vous faire croire que vous êtes arrivé, alors que vous êtes toujours sur le bateau en mer, dirigé vers l'œil du cyclone. Tout semble calme, mais la tempête est proche. Le retour à la source signifie le retour à la source. Il n'y a plus de ruses, de tromperies ou de mensonges. Restez forts, connaissez votre pouvoir intérieur et ne vous contentez de rien d'autre que de votre véritable Chez Soi.

Contemplation de la fondation

« *L'apprentissage le plus utile pour les usages de la vie est de désapprendre ce qui n'est pas vrai* ». Antisthenes

4

EXPÉRIENCES DE MORT IMMINENTE COMMUNS

La principale question que vous vous posez en lisant ce livre est la suivante : « Et alors » ? Quelle est la valeur de ces informations par rapport à ma situation actuelle ? C'est la question que vous devriez vous poser à chaque fois que vous lisez un livre ou que vous regardez une vidéo.

C'est pourquoi je ferai suivre les chapitres principaux de petites sections d'exercices que vous pourrez essayer ou auxquels vous pourrez réfléchir en guise de contemplation. Cela ne veut pas dire que vous devez vous sentir obligé de faire l'une ou l'autre de mes suggestions - il ne s'agit que d'indications. On ne peut pas sortir de la caverne de Platon par la pensée. J'ai vu de grands penseurs utiliser leur esprit pour se lier plus profondément à ce royaume, plutôt que de les rapprocher de la sortie comme ils aimeraient le croire.

*

L'un des premiers lecteurs de ce livre a fait une suggestion : « Pourquoi ne pas ajouter les expériences de mort imminente de certaines personnes et les commenter ? Cela donnerait plus de crédibilité au sujet et montrerait d'où vous tirez ces idées ». J'ai trouvé l'idée excellente. C'est quelque chose que j'avais prévu de faire en 2023, mais j'ai réalisé qu'il fallait en présenter une partie ici. Je fournirai quelques extraits d'expériences réelles qui présentent la base de ce dont ce livre parle, c'est-à-dire que le royaume après la mort est conçu comme un piège.

J'ai moi-même vécu des expériences de mort imminente (EMI). Elles ont été présentées dans mon livre *Falling For Truth*, ainsi que dans des interviews vidéo.[49] Ce n'est pas parce que j'ai frôlé la mort que je sais ce qui va se passer le moment venu. J'ai quelques idées, des choses auxquelles il faut se préparer. Pourtant, personne ne semble savoir avec certitude ce qui va se passer. Pour moi, c'est un signal d'alarme. Si l'expérience de la mort consistait vraiment à aller dans un paradis merveilleux et aimant, alors nous devrions tous savoir exactement ce qui va se passer. Les êtres ne cachent la vérité que lorsqu'ils savent que ceux qui l'entendent ne l'aimeront pas.

La plupart des expériences citées proviennent du site web www.nedrf.org. Il contient des milliers de rapports envoyés par des gens ordinaires sur ce qui leur est arrivé au moment de leur mort. On peut dire que plus de 85 % de ces récits correspondent à ce que l'on est en droit d'attendre. Nous devons comprendre que ce n'est pas parce qu'une expérience est courante qu'elle n'est pas manipulée par des forces extérieures. La formule standard « allez vers la lumière » peut être la principale tromperie. Mais ce sont les 15 % qui ne correspondent pas à la norme qui sont les plus importants pour nous, parce qu'ils peuvent nous rapprocher de la vérité. Ces personnes ont vécu des expériences qui leur ont permis de sortir du cadre de l'hypnose standard et de voir les choses telles qu'elles sont réellement dans le royaume de l'après-mort.

L'EMI standard sera présentée ici, tandis que l'EMI non standard sera abordée au chapitre 9. Le fait que je qualifie une EMI « standard » ne signifie pas que je la rejette ou la déprécie de quelque manière que ce soit. J'en ai lu près d'une centaine, et chacune d'entre elles est fascinante, et quelques-unes sont tout simplement étonnantes. Il s'agit d'aperçus destinés à fournir un point de départ de l'événement normal dans ce domaine de recherche.

*

Je partagerai tout d'abord l'expérience de Gene Goodsky, décrite dans le livre *Warrior Spirit Rising*, écrit par sa fille Dianna. Cette expérience comporte presque tous les éléments que l'on trouve dans une expérience de mort imminente standard. C'est comme si l'on cochait toutes les cases d'une liste, que j'avais mise en évidence en gras.

---

[49] Version vidéo longue de mon expérience dans le canyon https://www.youtube.com/watch?v=nW4cmcf3-aU. De plus petits extraits peuvent également être trouvés dans d'autres interviews que j'ai réalisées sur YouTube.

C'est pourquoi j'ai trouvé cette expérience si étonnante à lire lorsque je l'ai découverte en écrivant ce livre.

L'expérience de Gene a commencé après avoir été gravement ivre pendant plusieurs jours et s'être évanoui sur son lit, au bord de la mort. Il s'est ensuite souvenu d'avoir flotté au-dessus de son lit. Il est ensuite sorti par le toit de sa maison avec des êtres ressemblant à des anges, qui lui sont apparus comme des autochtones et qui parlaient sa langue. Il a été emmené à ses propres funérailles et à sa tombe. Toutes ses douleurs avaient disparu, son esprit était libre. Il a franchi une porte, a vu une lumière vive et un tunnel. « Il était envahi par un sentiment de calme, de gratitude et d'amour ». La partie suivante est très particulière et je n'en ai jamais entendu parler dans aucune EMI : il a vu des gens avec des bâtons dans la bouche, et ils n'avaient pas l'air heureux. Il a su instinctivement qu'ils étaient restés coincés, qu'ils étaient perdus. Le fait de dire que les gens étaient perdus dans la mort est une possibilité très révélatrice.

Ensuite, il est arrivé à un pont et l'a traversé. Il a vu des gens tristes et malheureux. Il s'est alors rendu compte que ces personnes, c'était lui, à différentes étapes de sa vie. Il détestait les visages qu'il voyait de lui-même, et toute la douleur qu'il avait causée à d'autres personnes (un style unique d'examen de la vie). Puis il s'est retrouvé sur une rivière, et un grand chien blanc s'y trouvait. Une fois qu'il a exprimé son plein regret pour tout ce qu'il avait fait dans sa vie, le chien a traversé la rivière, est venu à lui, et il a traversé la rivière sur le dos du chien. Il affirme ensuite avoir vu ce qu'il appelle « le pont du serpent », un endroit que seuls les guérisseurs de sa tribu peuvent traverser, et comme il n'en faisait pas partie (à l'époque), il ne s'y est pas rendu. Ce qui est intéressant, c'est qu'il connaissait l'existence de ce pont. Plus tard, il devint un homme-médecine et, à ce titre, lors de sa « prochaine mort », il pourrait se rendre sur le pont qu'il avait vu, mais qu'il ne s'était pas senti capable de traverser lors de cette expérience.

Gene flottait maintenant le long d'une route, à côté de laquelle se trouvaient toutes les personnes décédées qu'il avait connues dans sa vie. Il remarqua très clairement ses parents et ses grands-parents. Puis il est arrivé à un homme-médecine qu'il avait connu plus tôt dans sa vie et qui l'a dirigé vers un immense wigwam (maison autochtone) qui brillait de lumière. À l'intérieur du wigwam se trouvait un être aux longs cheveux blancs, vêtu de blanc, qui était la source de la lumière. Une représentation parfaite d'un être de lumière blanche. L'être de lumière a dit à Gene qu'il devait repartir, « ce n'est pas ton heure, tu as des gens à aider » (une mission). Il ne voulait pas abandonner cette nouvelle paix qu'il ressentait, mais il savait qu'il devait écouter l'homme aux cheveux blancs. Cette situation est fréquente dans les EMI classiques et dans celles que vous découvrirez au chapitre 5 : on veut rester dans ce royaume de paix, mais on est renvoyé, souvent contre son gré. Gene a retraversé la rivière, « puis il s'est réveillé. Il est né de nouveau... il a été changé pour toujours ».[50]

Cette expérience est précieuse à partager avec vous, non seulement parce que de nombreux éléments en font une EMI classique, mais aussi pour ce qu'elle a apporté à la vie de cet homme lorsqu'il est revenu à la vie sur Terre. C'est cette expérience qui l'a empêché de devenir alcoolique. Il a immédiatement suivi une cure de désintoxication et est resté sobre jusqu'à la fin de sa vie. Il a embrassé son héritage ojibwé, est devenu un guérisseur local, a soigné de nombreuses personnes dans sa communauté et a enseigné sa langue et sa culture dans des écoles et des universités. Cette expérience a complètement transformé cet homme, qui est devenu un véritable pilier pour sa communauté. C'est exactement le type de personne que nous aimerions tous rencontrer, quelqu'un qui a surmonté de grandes difficultés dans sa vie, ses propres démons intérieurs et qui est devenu un bon être humain. Gene est un homme avec qui j'aurais aimé prendre un café.

Je ne partage pas son histoire pour le rabaisser de quelque manière que ce soit, mais pour révéler ce que la EMI standard peut faire pour quelqu'un. Presque toujours, la personne change, généralement dans le sens d'une plus grande gentillesse, d'une plus grande ouverture d'esprit, d'une plus grande compassion et d'une plus grande aide. C'est parce qu'il y a tant d'aspects positifs pour les personnes qui vivent cette expérience, les sentiments d'amour et de paix. Jusqu'à présent, tout semble bien se passer.

Voici quelques expériences plus classiques. Chacune comprend le nom de la personne et le code NDERF, afin que vous puissiez lire l'intégralité de l'expérience sur www.nderf.com, si vous le souhaitez.

---

[50] Goodsky, Dianna, *Warrior Spirit Rising*, pages 89-96

« L'être principal a dit que j'en avais assez appris sur la connaissance, et que je devais maintenant revenir en arrière et apprendre sur l'amour. L'information sur l'amour n'est pas ce à quoi nous pensons ici dans le monde physique. L'amour n'est pas sexuel ou possessif, mais spirituel. L'amour, c'est plutôt une compassion infinie, sans jugement ». Rhonda M 23499

« Les brins de lumière les plus proches de moi étaient mes parents, mes grands-parents, ma famille qui sont tous décédés avant moi - et connectés à eux plus loin étaient des amis proches, et connectés à eux étaient des personnes qui m'avaient influencé et que j'avais influencé (étudiant, connaissances, etc.) - et les personnes avec lesquelles ils avaient interagi, mais inconnues de moi, mais connectées à moi par mon interaction avec tous ceux que j'avais connus et rencontrés dans ma vie et qui étaient partis avant moi. Tous ces fragments de vie racontaient comment ma vie et mes actions avaient influencé les leurs ». Harry T NDE 9339

« Je n'ai plus ressenti le poids du chagrin, je n'ai plus ressenti la douleur de mes 40 ans de lésions chroniques de la colonne vertébrale, plus de deuil, plus de souvenirs, juste une libération absolue dans la Lumière de l'Amour ! Le vrai domicile, comme je le réalise maintenant ! Un amour incroyable ! Tout était si beau et si guérissant ! J'ai eu l'impression d'être dissoute dans la Lumière, sans qu'aucun mot ne puisse jamais rendre compte de cette expérience ». Joyce G 9301, 9406

« On m'a donné un aperçu de ma vie pendant que j'étais dans le vide. Pendant ce bilan, j'ai demandé à l'être de faire une pause. Je voulais mieux examiner les parties de ma vie. J'ai alors pu voir ces événements depuis l'au-delà. La revue de vie n'a pas duré longtemps car j'ai demandé à l'être quelque chose qui l'a surpris. « Puis-je planifier ma prochaine réincarnation » ? ai-je demandé. L'être m'a répondu : « D'habitude, les gens attendent leur mort pour choisir leur réincarnation ». » Niels W 9193

« Une lumière pure et brillante m'a englouti et je n'avais plus de corps physique. Mais j'existais encore ? Je n'avais pas d'yeux pour voir mais je regardais tout ce qui m'entourait. J'étais au centre d'un vaste néant, mais ce néant n'était pas vide. Il était complètement rempli de la présence du Dieu vivant. Il n'y a pas de mots dans la langue anglaise pour décrire l'endroit où je me trouvais ». Star E NDE 9139.

« J'étais l'UNIVERS dans son expression, et l'Univers était en moi, on me l'a montré, je le savais intimement. Je ne faisais qu'un avec tout ce qui est, tout ce qui a été et tout ce qui sera. Tout ce qui existe est en moi... On m'a montré un écran de cinéma et on m'a montré ce que j'avais fait, ce que j'avais vécu... l'écran de

cinéma est noir et blanc = parfait jusqu'à ce que vous commenciez à y placer des PROJECTIONS, puis tout ce que vous y projetez devient une « EXPÉRIENCE » ... Je suis arrivée à une barrière que je n'étais pas autorisée à franchir ; ou j'ai été renvoyée contre ma volonté - je n'avais pas l'impression d'avoir le CHOIX. J'ai eu une ÉNORME RÉVÉLATION, puis j'ai entendu un BOUM ou un CLIC et j'ai été littéralement ramenée dans mon corps en me tapotant et en criant : « Je suis vivante, je suis vivante, je suis vivante ». JE SUIS VIVANTE, JE SUIS VIVANTE, JE SUIS VIVANTE ». Anne W NDE 9119. *(En fait, son expérience et ce qui lui est arrivé par la suite sont tout à fait étonnants ; il y a tellement de couches à son histoire et je recommande de la lire).*

« À un moment donné, un voile s'est levé. J'ai été entraînée dans un long tunnel sombre, éclairé par une lumière blanche très brillante qui rayonnait d'amour. J'entendais des harpes et je voyais mon grand-oncle Harry Ed et ma tante Vickie. J'étais dans un état de bonheur total. J'étais chez moi. Je ne voulais pas retourner. J'ai fait un bilan de ma vie et j'ai revu tous les événements de ma vie. J'ai vu chaque acte de bonté et de gentillesse. J'ai vu chaque acte de méchanceté ou de mauvaise volonté. J'ai également pu voir les choses du point de vue de l'autre personne. Melinda G 9029. (Une autre EMI détaillée que je recommande de lire pour mieux comprendre la façon dont l'EMI se présente. Il s'agit d'une autre personne qui semble avoir acquis des capacités de guérison et psychiques en revenant dans ce monde).

Si je demandais à une personne moyenne à quoi ressemble une EMI, elle me présenterait les mots qui apparaissent ci-dessus : lumière blanche, tunnel, amour, paix, Dieu, révision de vie et parents. C'est ce qui se retrouve dans les émissions de télévision et les films. La lumière blanche est votre amie, elle vous réconfortera et soulagera votre douleur. Les drogues font la même chose, c'est pourquoi les gens les consomment, elles soulagent leur douleur... pendant un certain temps. Puis la douleur revient et ils ont besoin de plus de drogue. La lumière blanche peut également soulager votre douleur pendant un certain temps, mais que se passe-t-il si la douleur et la souffrance reviennent ? Et si la lumière blanche n'était pas la porte du paradis, mais un retour au royaume de la souffrance ? Dans ce cas, une grande partie de ce qui est présenté dans ces expériences peut être une tromperie. Un autre signal d'alarme, même dans ces « expériences de bien-être » standard, est que la plupart des personnes sont renvoyées contre leur gré. En général, ils veulent tous rester dans l'amour et la paix qu'ils ressentent, mais un être « avec lequel ils pensent devoir être d'accord » leur dit qu'ils doivent y retourner, ou les force simplement à y retourner. En général, on leur dit qu'ils ont encore des choses à apprendre ou une mission à accomplir. Pourtant, nombreux sont ceux qui affirment que, pendant leur séjour dans l'après-mort, ils ont eu accès à toutes les connaissances. Alors, qu'est-ce qu'une âme a besoin d'apprendre de plus si elle se trouve déjà dans un endroit où elle sait tout ? Curieusement, cette partie de l'expérience a tendance à être occultée, car la personne revenue se concentre sur l'amour et le bonheur de tout cela, et oublie qu'elle est « revenue sur Terre contre sa volonté ». Dans le quatrième chapitre, certaines personnes auront une opinion très différente de leur retour forcé.

Qu'en est-il de moi ? Qu'aurais-je fait dans mon EMI si je n'étais pas sorti de la rivière et que j'étais passé par-dessus les chutes et que j'étais mort ? Je suis sûr que le tunnel de lumière blanche serait apparu devant moi. Y serais-je entré ? Peut-être. C'est pourquoi je ne peux pas juger les décisions de qui que ce soit, ni ce qu'ils ressentent aujourd'hui à propos de leur expérience. Cependant, nous sommes à la recherche d'indices et d'idées qui nous aideront à comprendre pleinement la vie et la mort. Que ferons-nous lorsque nous nous retrouverons dans la même situation ? C'est une question importante, sur laquelle je reviendrai au fil de ce livre.

Que fait vraiment la lumière blanche ? Apporte-t-elle la paix et transforme-t-elle la vie (comme le prétendent 85 % des personnes qui reviennent), ou fait-elle partie d'un cycle de réincarnation dans un royaume de souffrance quasi permanente, comme le prétendent beaucoup des 15 % ? Si l'on tient compte des enseignements de sagesse des gnostiques et des cathares, ce royaume est conçu pour vous piéger encore et encore afin que vous acceptiez d'y revenir. Tous ceux qui ont vécu l'expérience de l'amour n'y retourneront-ils pas volontiers lorsqu'ils « mourront vraiment » ? Qu'en est-il de toutes les personnes à qui ils ont raconté leur histoire, ou qui ont lu un récit à ce sujet, ou qui ont vu leur film préféré montrant une célébrité marchant dans la lumière blanche de l'amour ? La majorité d'entre eux vont simplement partir, parce que c'est ce que le conditionnement leur dit de faire. Lucifer est le porteur de lumière. On dit que la lumière de l'absolu est dorée et non blanche. La lumière blanche de l'EMI est-elle vraiment Lucifer ?

Les 15 % d'expériences ne sont pas celles qui seront choisies par les chercheurs pour figurer dans leurs livres, pour faire des tournées de conférences dans les universités, parce qu'elles ne correspondent pas au message « typique, heureux à jamais, l'amour et la vie sont si merveilleux ». Ils essaient de les enterrer. Ce livre, et d'autres chercheurs comme moi, veulent se concentrer sur ce qui est vrai, et oublier ce qui est agréable ou ce qui rend certaines vies meilleures dans le monde fou de la Terre. Prenons la Vérité. Examinons ce qui se passe dans ces royaumes.

Je n'ai aucune idée de ce qui se passe. Cette lumière blanche est probablement un piège de recyclage, et si je vais vers elle ou l'accepte, ma mémoire sera effacée et je reviendrai à la forme. Même si vous obtenez un beau corps et une belle nouvelle vie, qu'avez-vous vraiment gagné ? Le fait de revenir dans la matière, sans aucun souvenir d'une incarnation précédente, sans savoir ce que c'est, qui vous êtes et pourquoi tout cela existe. Qu'avez-vous gagné d'une nouvelle incarnation ? Même si l'expérience est belle et agréable, il n'y a pas grand-chose à en tirer non plus. Les soldats blessés vont à l'hôpital pour se faire panser leurs blessures et, une fois guéris, sont renvoyés sur le champ de bataille infernal. La métaphore de toutes nos expériences sur Terre est pertinente.

N'oublions pas non plus que toutes les expériences évoquées sont des expériences de « mort imminente ». Ce ne sont pas des expériences de mort. On a tendance à l'oublier. J'ai lu des informations très intéressantes qui suggèrent qu'il existe trois phases distinctes de la mort. Rudolf Steiner a suggéré qu'il y avait trois mondes, physique, astral et spirituel, mais ceux-ci pourraient se refléter dans le royaume de l'après-mort. L'EMI la plus courante concerne les personnes qui n'ont pénétré que dans le premier monde. C'est dans ce monde que se trouve le « jugement » et qu'il s'agit d'amener l'âme à accepter de nouvelles incarnations. Il n'y a pas beaucoup de « nourriture » ici, juste un jugement ou une sorte d'évaluation des événements de la vie. C'est pourquoi la plupart des personnes qui se trouvent dans cette phase ne se sentent pas si mal, car il ne se passe pas grand-chose et les êtres veulent que la nouvelle âme se sente bien pendant ce processus. La personne qui a l'expérience de mort imminente est renvoyé à ce stade, peut-être parce que les êtres pensent qu'ils ne sont pas encore assez savoureux pour être mangés et qu'ils veulent qu'ils reviennent sur Terre pour recevoir également une énergie « agréable ». Ces autres royaumes ont tendance à ne jamais être évoqués, mais le *Codex de Nag Hammadi* mentionne ces autres royaumes de la mort au-delà du premier et c'est un lieu de malheur.

« Dieu est un mangeur d'hommes. C'est pourquoi les hommes lui sont sacrifiés. Avant de sacrifier des hommes, on sacrifiait des animaux, car ceux à qui on les sacrifiait n'étaient pas des dieux ». Évangile de Philippe 63[51]

Je reviendrai sur les différents plans de la mort dans le dernier chapitre. Car il s'agit peut-être du plus grand tour de passe-passe auquel nous sommes soumis avec l'EMI et d'autres expériences hors du corps. On nous « montre », à travers les expériences des autres, qu'il n'y a qu'un seul type d'expérience après la mort, et qu'il n'y en a pas d'autres. Il s'agit probablement de la plus grande tromperie qui soit, au même titre que les idées de karma et de péché. Il nous reste encore beaucoup à faire dans ce livre avant d'en arriver à ce stade de l'information, y compris l'examen de certaines EMI non standard qui pourraient avoir commencé à aborder ces « autres niveaux » du royaume de la mort.

---

[51] http://gnosis.org/naghamm/gop.html

PLAN D'ACTION POUR LA MORT

Dans son livre *Adventures in the Afterlife*, William Buhlman, chercheur spécialisé dans les sorties hors du corps, a présenté ce qu'il considère comme un message important sur la préparation à la mort. Il a appelé cela « créer un plan d'action pour votre transition spirituelle éclairée ». Il ne s'agit pas de savoir ce qu'il adviendra de notre corps ou de nos affaires après notre mort, mais comment nous voulons que la semaine ou les quelques jours précédant notre mort soient organisés (en supposant que nous en ayons une certaine connaissance préalable et que nous ne soyons pas renversés par un autobus et tués sur le coup). Il a demandé : « Qu'est-ce que je veux autour de moi pendant que je meurs ? Quel genre de musique, quel genre de mots » ? Quelles sont les personnes de confiance que je souhaite avoir autour de moi pour m'aider dans ce processus, et comment faire de l'espace (à la maison ou à l'hôpital) un espace sacré ? Il a présenté une série d'affirmations destinées à créer une concentration mentale claire en vue de l'état d'après-mort. Il a préparé un disque compacte personnel, avec des suggestions de rappel en boucle, qui devait être écouté les jours précédents. Un véritable mantra venant de lui-même, afin que ces intentions puissent être soudées à sa conscience et à son âme lors de la transition. Il est vrai que les siennes étaient beaucoup plus gaies et optimistes que ne le seront probablement les nôtres (il était d'avis que l'état d'après-mort était un endroit formidable).

Nous pourrions créer des affirmations telles que : « Je suis libre et souverain, ne vous approchez pas de la lumière blanche, retournez à la vrai Chez Soi, je ne retournerai pas sur la planète des fous ». Vous voyez l'idée. Ma suggestion serait de les garder aussi positives que possible, de se concentrer sur ce que l'on veut, et non sur ce que l'on ne veut pas. Je pense qu'il s'agit là d'un outil précieux qu'il convient d'avoir à portée de main en tant que direction ou intention à l'approche de l'événement mortel. Le chapitre de *Nag Hammadi* intitulé « *Apocryphon of James* » nous dit que nous devrons rappeler aux archontes que nous savons que nous ne sommes pas une forme matérielle, que nous venons du Plérôme (l'Unité Véritable) et que c'est là notre Chez

Soi. Le fait de savoir cela et de le leur dire rappelle au Démiurge/archontes qu'ils ne viennent pas du Plérôme et qu'ils n'ont donc pas le pouvoir de vous en éloigner. Cela peut également faire partie d'un CD ou d'une feuille de papier (à faire lire par quelqu'un s'il n'y a pas d'électricité ou de lecteur CD).

Qu'en est-il des objets qui se trouvent dans la chambre d'hôpital, ou dans votre chambre si vous suivez le processus chez vous ? Y a-t-il des peintures ou des objets que vous pourriez vouloir y trouver ? De la musique à jouer. Des souvenirs à rappeler. Il s'agit de votre expérience et elle doit être créée pour vous, comme vous le souhaitez. Les heures et les jours qui précèdent votre mort constituent le meilleur moment pour la mettre en place consciemment. La question est de savoir ce que vous voulez (non pas pour le confort, car le confort ne nous intéresse pas), mais ce qui va vous aider à quitter la Caverne pour de bon, à laisser la matrice derrière vous et à ne plus jamais être dans cette folie. Comment progresser vers la santé mentale au fur et à mesure que nous mourons ?

Comment voulez-vous vivre vos derniers instants, prêt à sortir de la caverne ? Créez votre propre plan d'action, faites-le connaître à un membre de votre famille ou à un ami proche, et demandez-lui de vous aider à le mettre en œuvre lorsque l'événement approchera. C'est l'une des meilleures suggestions que j'ai rencontrées depuis de nombreuses années, et c'est quelque chose que je ferai une fois que la rédaction de ce livre sera terminée.

Je vais vous faire part d'une citation à laquelle je m'apprête à répondre en réponse à leurs demandes insensées : « *Le seul pouvoir et la seule autorité que vous ayez, c'est le pouvoir et l'autorité que je vous donne. Ainsi, je les révoque tous, et je reste l'être puissant et souverain que j'ai toujours été* ».

LA LISTE DE RÉCAPITULATION

Dans les chapitres précédents, j'ai mentionné le pouvoir de la récapitulation. Elle aura un effet bénéfique pour celui qui l'effectue dans le monde matériel comme moyen de retrouver l'énergie perdue de la vie. Cependant, l'objectif principal d'une récapitulation est de nous préparer à l'examen de notre vie après la mort, afin que rien ne nous surprenne.

Il existe de nombreuses façons de voir son passé honnêtement, de manière à atteindre les niveaux les plus profonds de ce qui s'est passé. Pour voir clairement les événements, il faut aller au-delà de l'esprit parasite habituel et de la mémoire normale des événements. Ce ne sont que les histoires que l'esprit a créées pour le passé, alors que la récapitulation est conçue pour voir le passé en toute honnêteté. Il s'agit d'un processus que l'on ne peut qu'orienter et suggérer, car la meilleure façon de procéder pour chaque personne est très individuelle et doit être développée par elle-même. Je présente ma propre méthode de récapitulation dans l'annexe B de mon livre *Falling For Truth*. Ce texte est également disponible sur mon site web à l'adresse suivante : https://www.egyptian-wisdom-revealed.com/2020/06/recapitualtion/

J'ai longtemps recommandé aux gens de faire un bilan de leur vie. Toute la vie. Et, comme je l'ai mentionné dans les chapitres précédents, c'est pour qu'il n'y ait pas un seul aspect caché de notre vie qui puisse nous surprendre lors de l'examen après la mort. Le problème, c'est qu'un tel examen complet prend des années ; mon premier examen a duré environ quatre ans. Je ne suis pas sûr que les gens disposent d'autant de temps aujourd'hui, compte tenu de la situation bizarre dans laquelle se trouve le monde. Quiconque n'a pas commencé un bilan de vie complet risque de ne pas pouvoir le terminer, compte tenu des défis qui semblent se profiler à l'horizon de cette réalité.

C'est pourquoi je ne suggère plus aux gens de faire une récapitulation complète de leur vie (mais si vous vous sentez vraiment imposé de le faire, allez-y). Je propose désormais aux gens de faire l'une des deux choses suivantes : dresser leur liste de récapitulation ou créer leur album de souvenirs. La liste de récapitulation est la première étape d'une récapitulation complète. Elle sert de guide pour organiser le processus, savoir qui est la prochaine personne à examiner et connaître certains des événements liés à cette personne. La création de la liste, cependant, est une sorte de récapitulation en soi. Lorsque j'ai dressé ma liste pour la première fois, ce qui m'a pris environ trois mois, elle m'a rappelé toutes sortes d'événements et de souvenirs oubliés au cours du processus. Donc, si vous faites la liste, prenez le temps de la faire complètement. Donnez-vous trois ou quatre mois et ne vous arrêtez pas tant que la liste ne vous semble pas complète.

Cette liste doit inclure toutes les personnes que vous avez rencontrées (le serveur du McDonald's qui a pris votre commande n'est pas inclus), mais elle doit être complète. Pour vous aider, vous pouvez trouver de vieux carnets d'adresses, des annuaires d'école secondaire et des photographes. Tout ce qui peut vous aider à vous souvenir des personnes que vous avez rencontrées à différents moments de votre vie. Où avez-vous passé vos vacances, où avez-vous travaillé, où avez-vous dîné ? Une fois que vous avez dressé une liste détaillée de noms, vous devez l'écrire à rebours, en commençant par la personne la plus récente que vous avez rencontrée et en terminant par vos parents. Maintenant, prenez cette liste et écrivez 1 à 3 événements qui ont eu lieu avec cette personne. Certaines personnes n'ont été rencontrées qu'une seule fois, tandis que d'autres ont potentiellement des milliers d'événements parmi lesquels choisir (dans le cas des personnes avec lesquelles vous avez passé beaucoup de temps, choisissez entre 20 et 25).

Lorsque la liste et les événements sont en place, relisez-la lentement. Nom par nom, événement par événement. Prenez votre temps. De nombreux souvenirs vont commencer à apparaître. Asseyez-vous avec eux. Allez vers ceux qui vous attirent. Lorsque vous arrivez aux noms de ceux avec qui vous avez eu des rapports sexuels, prenez un peu de temps pour respirer, pour harmoniser l'énergie (car les rapports sexuels peuvent créer beaucoup d'énergie mal placée et perdue lorsque l'activité n'a pas été pratiquée avec une conscience claire). Il ne s'agit pas d'une récapitulation complète, mais d'une simple lecture, avec de brefs flashs au fur et à mesure, pour voir ce que vous avez oublié. Cette pratique vous permettra de commencer à vous préparer à vous libérer de toute culpabilité, de toute honte ou de tout besoin de vengeance liés à votre passé. Vous devez être clair et calme pendant la revue de vie après la mort.

L'autre recommandation serait de faire ce que Carlos Castaneda appelait « un album d'événements mémorables ». Il s'agit de trouver des événements qui nous sont arrivés, mais qui sont aussi impersonnels. Il ne s'agit pas des choses les plus importantes, les meilleures ou les pires qui se sont produites dans notre vie, mais des choses qui, d'une certaine manière, touchent la vie de tous les humains, qui sont en quelque sorte universelles et en même temps personnelles. Il faut beaucoup de travail pour faire le tri dans sa vie et trouver ces « moments d'album ». Nous commençons toujours par ce que nous pensons être nos « meilleurs et nos pires moments », mais en général, ils ne correspondent pas à la définition « d'événements impersonnels ». Vous pouvez lire le chapitre « *Introduction* » d'*Active Side of Infinity* pour plus d'informations sur la création d'un album.

Une chose que je voudrais souligner est que Castaneda a fait référence à deux types de « guerriers » (ceux qui sont sur le chemin de la Vérité Totale). Un groupe est connu sous le nom de « *traqueurs* » (qui travaillent principalement dans le domaine matériel) et ceux que l'on appelle « rêveurs » (qui travaillent principalement dans des réalités alternatives). La récapitulation n'est pas aussi importante pour un rêveur, car il se concentre sur l'astral et la forme physique est donc beaucoup moins solide. Pour le traqueur, cependant, la récapitulation (ainsi que le processus connu sous le nom de « ne pas faire » (*not doing*)) sont des éléments clés de sa pratique. Je mentionne ceci parce que quelqu'un qui est un rêveur classique pourrait dire instantanément « Je n'ai pas besoin de récapituler ma vie », et il aurait raison. D'une certaine manière, ils entrent en contact avec leur vie lorsqu'ils vivent des expériences extracorporelles. Le lecteur doit donc déterminer à quel « type » de manifestation matérielle il appartient pour savoir si cette pratique est ou non importante pour lui.

Plus vous consacrerez de temps à cette pratique avant le moment de la mort, plus vous serez préparé de l'autre côté lorsqu'un être archonique essaiera de vous culpabiliser avec un événement qui faisait partie de votre passé. Vous êtes prêt à les accueillir.

GLOSSAIRE

Les étapes de l'alchimie

Les quatre étapes alchimiques sont les suivantes : Nigredo (noir), Albedo (blanc), Citrinatius (jaune) et Rubedo (rouge). Chacune de ces étapes correspond à un stade différent du processus intérieur et possède son propre symbolisme et sa propre présentation.

Domaine astral

Un niveau plus fin de la réalité auquel on accède lors d'une EMI ou d'une expérience hors du corps. Certains prétendent qu'il s'agit d'un plan d'existence entre la Terre et les cieux.

Cathares

Secte chrétienne qui a vécu principalement dans le sud de la France et le nord de l'Italie entre le XIe et le XVe siècle. On pense qu'ils se sont développés à partir de groupes antérieurs tels que les Manichéens et les Bogomiles, bien que personne ne soit tout à fait sûr de leur origine. L'Église de Rome a lancé la première croisade contre son propre peuple pour tenter d'éliminer les Cathares en 1209.

Démiurge

Terme gnostique désignant ce qu'ils appellent « le véritable créateur du monde matériel ». Il s'agit d'un faux dieu, qui ressemble davantage à un ordinateur d'intelligence artificielle qui a créé un royaume artificiel et y a piégé des âmes humaines. Également appelé Rex Mundi par les Cathares.

Le bouddhisme dzogchen

Tradition orientale axée sur la vacuité, la compassion et la fusion avec la claire lumière (le vide).

Gnostiques

Plusieurs groupes qui suivent les principes de la gnose (sagesse), dont on a besoin pour trouver la vérité. L'un de ces groupes est à l'origine de la rédaction du Codex de Nag Hammadi.

Hésychia

Mot grec signifiant « calme » et désignant un groupe de moines de l'actuelle Turquie qui a prospéré entre 1000 et 1400 après Jésus-Christ. Ils présentent de grandes similitudes avec le bouddhisme moderne Dzogchen.

Loosh

Terme inventé par Robert Monroe, auteur d'expériences extracorporelles, dans son livre Far Journeys. Le terme est apparu lorsqu'il lui a été expliqué, lors d'une expérience extracorporelle, que les êtres extraterrestres qui contrôlaient ce royaume désiraient du loosh (un type d'énergie) et qu'ils avaient créé des humains et un monde de conflits et de souffrances parce qu'il leur offrait le meilleur loosh.

Codex de Nag Hammadi

Série de livres (les premiers livres reliés et numérotés de l'histoire) en langue copte provenant d'un groupe de gnostiques, découverts près de Nag Hammadi en Égypte en 1945 et reconnus pour la première fois en 1947, la même année que l'annonce des manuscrits de la mer Morte.

Expérience de mort imminente (EMI)

Expérience associée à ce qui semble être un décès. En général, les EMI présentent des caractéristiques similaires (mais pas toutes) et ceux qui reviennent dans un corps décrivent généralement cette expérience comme agréable et comme ayant changé leur vie.

Personnage non joueur (PNJ)

Dans les jeux vidéo, il s'agit des personnes qui peuplent le jeu pour lui donner de la profondeur, et sur lesquelles le joueur n'a aucune influence. Les PNJ suivent toujours leur scénario à 100 %.

Expérience extracorporelle (EEC)

Lorsque la conscience d'une personne pénètre dans un corps non physique et peut interagir avec le monde physique ou astral.

Unité

Une expérience que l'on peut qualifier de non-duelle, d'unité ou de conscience. Rien n'est perçu comme étant en dehors de soi, ou quoi que ce soit d'autre que soi.

Caverne de Platon

Allégorie d'un système d'exclusion de la réalité que l'on trouve dans le livre La République de Platon.

Plérôme

La demeure originelle du Père, le Dieu du Bien, et de sa contrepartie féminine, Barbelo. Ce lieu de plénitude, d'absolu et de totalité est le véritable foyer de l'étincelle divine qui se trouve à l'intérieur et qui est connue sous le nom d'âme.

Le piège de la réincarnation et de l'âme

Un terme pour présenter notre monde. « Des êtres non humains ont créé ce monde, ou le contrôlent, et amènent les âmes humaines dans un monde artificiel. Ils font cela afin d'élever des humains pour les nourrir ». Wayne Bush

Le Vide

Un endroit dans ou au-delà du royaume astral qui peut être appelé « immobile » ou « non-duel ». Beaucoup le décrivent comme noir ou sombre, mais pas vide non plus. C'est probablement aussi ce que l'on appelle la « Claire Lumière » du bouddhisme Dzogchen, ce avec quoi il faut se connecter dans la vie, afin qu'il soit plus facile de s'y connecter dans la mort.

Tunnel de lumière blanche

Expérience vécue par de nombreuses personnes lors d'une EMI, consistant à voir un tunnel de lumière blanche qui les attirent. Généralement, cette expérience est décrite comme un sentiment d'amour et de joie inimaginable, auquel il est presque impossible de résister.

REMERCIEMENTS

Un certain nombre de personnes m'ont beaucoup aidé en me faisant des suggestions et en me donnant des conseils sur les premières copies du livre. Je tiens à mettre en exergue quelques vedettes qui ont participé à l'édition et ont continué à faire des suggestions au fur et à mesure que le livre passait du stade de l'idée à celui de projet fini : * Verushka Ettlin, Brian Johnston de *Cool Guitar Gear* et ma femme, Gro Anita. Elle a également dû s'occuper d'un homme qui travaillait 10 heures par jour pendant plusieurs mois pour mener à bien ce projet. Cela mérite une étoile en soi.

BIBLIOGRAPHIE

(Je recommande vivement les sources indiquées en gras ci-dessous).

Sources générales

Anagnostou, Angeliki, *Can You Stand The Truth? The Chronicle of Man's Imprisonment: Last Call!* (2012)

Buhlman, William, *Adventures in the Afterlife*, (2013)

Castaneda, Carlos, *The Active Side of Infinity*, (1998)

Castaneda, Carlos, *Le don de l'aigle*, (1981)

Good Sky, Dianna, *Warrior Spirit Rising*, (2020)

Fawcett, Brian, *Public Eye: an Investigation into the Disappearance of the World*, (1991)

Lash, John Lamb, *Not in his image*, (2021)

Marshall, Bart, *Becoming Vulnerable to Grace*, (2021)

Scott, Kenneth, *An Overview of the World System of Bondage*, Gemstone University

Talbot, Michael, *Holographic Universe*, (1991)

http://www.butterfliesfree.com (site web de Stephen Davis)

htpp://www.trickedbythelight.com (par Wayne Bush)

Diverses pages sur Wikipedia (oui, je sais, mais le site donne le point de vue standard sur n'importe quel sujet)

Forever Conscious Research (Chaîne YouTube)

Free at Last (Chaîne YouTube)

<u>www.gnosis.org</u>

Sources cathares

Coppens, Philip, *Servants of the Grail*, (2009)

Douzet, Andre, *The Wanderings of the Grail*, (2006)

Mark, Joshua J. Mark, *World History Encyclopedia* trouvé au htpp://www.worldhistory.org

McDonald, James MA, MSc. *Cathars and Cathar Beliefs in the Languedoc*, http://www.cathar.info, dernière modification: 8 February 2017

Palamas, Gregory, *Holy Hesychia: The Stillness that knows God*, ed. Robin Amis, (2016)

Pickett, Linda, *The Templar Revelation: Secret Guardians of the True Identity of Christ*, (2007)

Smith, Andrew Phillip, *The Lost Teachings of the Cathars: Their Beliefs and Practices*, (2015)

À PROPOS DE L'AUTEUR

Howdie Mickoski est chercheur et philosophe. Il est l'auteur de trois livres : *Falling For Truth*, *Exposing the Expositions* et *The Power of Then*. Il s'exprime sur diverses chaînes Internet sous le titre *Howdie Mickoski Talks*, et on peut le trouver sur son site web, sur la chaîne Locals et sur YouTube (pour l'instant).

Vous pouvez également le trouver sur son site web : howdiemickoski.com

Locals : https://howdiemickoski.locals.com/

Merci de votre lecture.